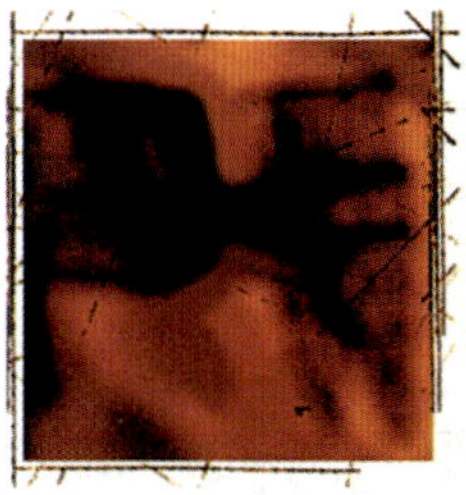

Dieses kleine, unscheinbare Insekt, das nur 2 mm groß wird, gehört zu einer Familie, die unermesslichen Schaden angerichtet hat, denn sie zerstört wertvolle alte Bücher. Zum Glück scheint sie aber im Rückgang begriffen. Hier sieht man die flügellose Bücherlaus Lepinotus patruelis von oben.

"Für dich und mich und alle tapferen Männer, mein Bruder", sagte Wayne in seinem seltsamen Singsang, "wird guter Wein ausgeschenkt im Gasthaus am Ende der Welt."

G. K. CHESTERTON
DER NAPOLEON VON NOTTING HILL (1904)

"Obwohl es eine trockene und langweilige Geschichte ist, die sich hauptsächlich mit Lokalpolitik und Ortsgeschichte beschäftigt, bin ich sicher, dass sie hilft, einige Momente der Müßigkeit zu vertreiben..."

CLURACAN AUS ELFENLAND
KÜRZLICH IN EINER UNTERHALTUNG

Z
ZITATE

credits

Verfasst von Neil Gaiman
Zeichnungen von Bryan Talbot
John Watkiss
Michael Allred
Michael Zulli
Shea Anton Pensa
Alec Stevens
Gary Amaro
Tusche von Dick Giordano
Mark Buckingham
John Watkiss
Michael Allred
Vince Locke
Alec Stevens
Tony Harris
Steve Leialoha
Farben von Danny Vozzo
Separierung von Android Images
Digital Chameleon
Übersetzt von Gerlinde Althoff
Gelettert von Alessandro Benedetti

Cover und Design von Dave McKean
Einführung von Stephen King
Die Figuren wurden erdacht von
Gaiman, Keith und Dringenberg

SANDMAN: WORLDS' END erscheint bei **PANINI COMICS**, Ravensstraße 48, D-41334 Nettetal-Kaldenkirchen. DC Comics werden unter Lizenz in Deutschland von PANINI Verlags-GmbH veröffentlicht. Druck: Arti Grafiche U. Soncini. Pressevertrieb: Stella Distribution GmbH, D-20097 Hamburg. Direkt-Abos auf **www.paninicomics.de** Anzeigenverkauf: Life! Mediahouse GmbH, Telefon: 040/389 040-0, E-Mail: info@lifemediahouse.de. Es gilt die Anzeigenpreisliste Nr. 5 vom 01.01.2009. PR/Presse: **Steffen Volkmer**.

Bibliografische Information der Deutschen Nationalbibliothek
Die Deutsche Nationalbibliothek verzeichnet diese Publikation in der Deutschen Nationalbibliografie; detaillierte bibliografische Daten sind im Internet über http://dnb.d-nb.de abrufbar.

Frank Zomerdijk
Geschäftsführer

Marco M. Lupoi
Publishing Director Europe

Lisa Pancaldi
Editor-in-Chief

Carlo Del Grande
Pia Oddo
Leonardo Raveggi
Marco Ricompensa
Martin Budde
Bernd Kronsbein
Redaktion

Axel Drews
Finanzen & Beratung

Max Müller
Marketing Director

Francesco Farkas
Marketing

Alexander Bubenheimer
Vertrieb

Ronald Schäffer
Logistik

Genoveva Fincias Alonso
Lektorin

Gerlinde Althoff
Übersetzerin

Rudy Remitti
Nicola Spano
grafische Gestaltung

Mario Corticelli
Art Director

Annalisa Califano
Beatrice Doti
Nicoletta Preziosi
Redaktion Panini Comics

Francesca Aiello
Andrea Bisi
Alessandra Gozzi
Lorenzo Raggioli
Produktion Panini Comics

WO RL

Inhalt

Eine Einführung von STEPHEN KING

Kann ich an dieser Stelle irgendetwas Neues über den Sandman sagen, den dunklen Bruder von Death, oder gar seiner Legende etwas hinzufügen? Bezweifeln Sie es ruhig, lieber Leser, denn auch ich bezweifle es. Ich komme ziemlich spät zu dieser Einführungsparty hinzu, nicht wahr, und einige von denen, die eher kamen, sind ganz schön imponierend.

Neil Gaiman ist selbst ein beeindruckender Mensch, aber diejenigen, die der Serie durch ihre vielen sehr verzweigten, ja, geradezu extrem und äußerst verzweigten Drehungen und Wendungen gefolgt sind, werden mich kaum brauchen, damit ich ihnen das sage. Was ein Teil des Problems ist. Ich soll euch einen Haufen aufgewärmten Mist vorsetzen, wenn dieser Bursche (mal abgesehen von Bryan Talbot, Mark Buckingham, Shea Anton Pensa und all den anderen hier vertretenen Bleistiftschwingern und Tintenklecksern) gleich im Anschluss das Wort hat? Ich meine, Augenblick mal.

Wovon ich etwas verstehe, das sind Geschichten. Ich bin ein Fan von Geschichten. Tatsächlich ist es wohl nicht zu viel gesagt, dass Geschichten mein Leben sind; sicherlich haben diese wunderbaren Gestalten, die im Rauch tanzen, mir von Zeit zu

Zeit das Leben gerettet. Auch Neil Gaiman kennt sich aus mit Geschichten. Schlicht gesagt, er ist wie eine Schatzkammer voller Geschichten, und wir freuen uns, ihm in jeder Art von Medium zu begegnen. Sein Erfindungsreichtum zusammen mit der durchgängig hohen Qualität seiner Arbeit ist sowohl herrlich als auch ein wenig einschüchternd. Genau wie sein Werk.

WORLDS' END wurde ursprünglich in sechs Ausgaben veröffentlicht. Meine Bebop-Kumpel und ich nannten sie Comic-Hefte, doch diese sechs Hefte waren in Wahrheit Bestandteile einer längeren, zusammenhängenden Erzählung, die hier vorgelegt wird, wie sie zu lesen gedacht war, sechs Kapitel, die ein Ganzes ergeben. Wie sechs Eier in einer Schachtel, stimmt's? Doch es gibt hier auch Eier in den Eiern, denn *WORLDS' END* ist wie eine Erzählung von Chaucer, in der Reisende – die diesmal in einem Gasthaus untergekommen sind und nicht die Straße nach Canterbury entlanggaloppieren – eine stürmische Nacht verbringen, während sie sich abwechselnd Geschichten erzählen. Die Form ist klassisch, aber in einigen Geschichten gibt es Geschichten wie Eier in Eiern, oder wie Puppen in der Puppe.

Das beste Beispiel dafür ist die Geschichte, die Chaucer vielleicht *Die Erzählung des Totengräbers* genannt hätte. Darin erzählt ein Mann – oder sagen wir, eine Art Mann; denn seine Haut ist von diesem grünlichen Weiß, das mich an die Ghoule erinnert, die ich als Kind auf den Seiten meiner *E.C. Comics* sah – namens Petrefax seine Geschichte. Er ist Lehrling eines Meisterleichenbestatters (so nennen sich diese Leute, und das Wort passt genau) in der Totenstadt, wo ehrenvolle Begräbnisse die häufigste und vielleicht einzige Beschäftigung darstellen.

Petrefax soll bei einer Luftbestattung assistieren (insgesamt werden fünf Arten der endgültigen Unterbringung in der Totenstadt erwähnt; die anderen vier sind Erdbestattung, Wasserbestattung, Verbrennung und Mumifizierung), und hinterher erzählt jeder Teilnehmer der Feier eine Geschichte. Gut sind alle, aber die beste ist vielleicht die von Miss Veltis und ihrer verkümmerten Hand... eine Geschichte, die sie erzählt, die aber gleichzeitig in der Geschichte eines der Teilnehmer an der Luftbestattung enthalten ist, die wiederum enthalten ist in der Geschichte, die Petrefax im Gasthaus erzählt, und die, versteht sich, ist enthalten in der Geschichte, die Neil Gaiman uns erzählt.

Der Stoff ist anspruchsvoll. Ich behaupte nicht, dass er zu anspruchsvoll wäre, als dass meine alten Bebop-Kumpel ihn nicht geschluckt hätten, wenn wir an einem verregneten Sommernachmittag oben im stickigen Lager über Chrissie Essigians Werkstatt Comics lasen, aber er ist anspruchsvoll – die Erzählweise bewegt sich auf fortgeschrittenem Niveau wie bei Raymond Carver, Joyce Carol Oates oder (und das trifft es vielleicht eher) John Fowles.

Auf dem Einband aller amerikanischen Sandman-Ausgaben steht der Satz "Suggested for Mature Readers" ("Empfohlen für erwachsene Leser"), und ich meine, das bedeutet nicht, es ist voller Blut, Sex und schlimmer Wörter (obwohl Gott sei Dank von allem etwas vorhanden ist). Es bedeutet vielmehr, wenn man nicht alt genug ist, diesen Stoff selbst zu verdauen, sollte man vielleicht besser etwas länger bei Spider-Man, den X-Men und den Fantastischen Vier bleiben. Sonst kommt man durcheinander. "Vom Lande zu sein, heißt

noch lange nicht, blöd zu sein", sagt Stu Redman zu den Regierungsbeauftragten, bevor er in *The Stand – das letzte Gefecht* vorübergehend im Kühlraum untergebracht wird. Hier könnte man das abändern in: "Bilder und Sprechblasen, das heißt noch lange nicht blöd." Und damit Amen, Brüder.

Dies sind also intelligente Geschichten, und sie sind handwerklich sauber gemacht. Zu unserem Glück sind es auch gute Geschichten, kleine Wunder an Ökonomie und Überraschungen. Sie verlieren sich nie in Kunstfertigkeit, sind nie das, was englische Dörfler missbilligend als "zu gut, um wahr zu sein" bezeichnen würden.

Das wahrscheinlich Zufriedenstellendste an Gaimans Arbeit – und der Grund dafür, dass ich immer wieder darauf zurückkomme – ist, dass er einen Weg gefunden hat, den Standard-Knaller am Schluss zu umgehen, ohne dieses Gefühl für Wunder und Staunen zu opfern, das Fantasy so unentbehrlich macht. Er legt diese Dinge eher in das Herz der Geschichte als in den Schluss, das ist alles; man hat nicht den Eindruck, dass man ausgefeilte Horrorwitze liest mit ein paar Blutspritzern für die Pointe. In einer der Geschichten taucht ein höllisches Monster auf – es hat mit einer äußerst eigenartigen Seereise zu tun –, aber es erscheint mehr in der Mitte als am Ende (und in einer späteren Geschichte nennt einer der Leute am Ende der Welten es "einen Riesenschwanz", was Gaimans Vertrauen in seine eigenen Fähigkeiten perfekt unterstreicht). Tatsächlich funktionieren diese Geschichten ebenso gut wie alle anderen, die ich in verschiedenen Medien in den letzten sechs Jahren meines Lebens gelesen habe. Sogar besser als die meisten.

Ich glaube, ich weiß auch, warum. In der Literatur, die nur aus Wörtern besteht, sowohl im Mainstream wie in speziellen Gattungen, nimmt man bisweilen sich selbst und die Bedeutung des Werkes wahr… aber es gibt darin kaum jemals einen Sinn für Humor. In Wort-und-Bild-Literatur – oder, mit anderen Worten, Comics – gibt es gewöhnlich eine Menge Humor… aber nicht diese Selbst-Bewusstheit und nicht das Gefühl dafür, dass das Werk um seiner selbst willen ernst genommen werden muss… dass es ein Kunstwerk ist. Die Geschichten, die in *WORLDS' END* präsentiert werden, speisen sich gleichzeitig aus beiden Quellen, und das Ergebnis ist ein Werk mit der Klarheit der Märchen und dem subversiven Unterton gehobener moderner Literatur. Das ist notwendiger Stoff, und Gaiman weiß ganz gut, worauf er hinaus will. Überprüft die Namen der Orte und Charaktere, wenn ihr mir nicht glaubt, es gibt so unglaublich viele Verweise auf sich selbst, auf anderes und über Kreuz, dass es Joyce verdammt nahe kommt. Oder Proust. Oder einem Eierstock. Oder einem von diesen verdammten Dingern, von denen in Literaturkursen immerfort geredet wird. Alles, was ich sicher weiß, ist, dass dieser junge Rumtreiber, der die Seegeschichte erzählt, auf der *Spirit of Whitby* anheuert, nachdem er weggelaufen ist. Das ist natürlich ein Verweis auf Bram Stokers *Dracula*, und es gibt verstreut in *WORLDS' END* hundert ähnliche Verweise, literarische Halbedelsteine, absichtlich halb versteckt wie die Beute bei einer Schnitzeljagd. Gaiman macht das nicht aus Überheblichkeit, Gott sei Dank – das wäre langweilig (und ein bisschen gemein). Es ist zum Spaß, wie das Gekritzel am Rande in *Mad*.

Noch etwas, und etwas Wichtiges: in diesen Geschichten findet sich viel Freundlichkeit, quasi ein Sinn dafür, dass Menschen im Großen und Ganzen der Erlösung wert sind. Wenn man so will, sind sie den Schutz vor dem Sturm wert, den sie im Gasthaus am Ende der Welten finden. Gaimans Figuren sind immer mehr als bloß Käfer, die in einer Blechdose herumkriechen und je nach Laune des Autors aufgespießt oder freigelassen werden. Er prüft jeden einzeln, und so fühlen wir ihren Stolz, ihren Schre-

cken, ihren Betrug und ihre Trauer; wenn man mir nicht glaubt, kann man es an der warnenden Geschichte von Prez Rickard überprüfen, oder an Charlene Mooneys ätzendem Monolog in der letzten Geschichte. Zum Schluss kommt man an mit dem Gefühl, eine vollständige Mahlzeit genossen zu haben, nicht eine belanglose Mischung fettiger Appetithäppchen.

Ich hatte weder vor, so viel zu schreiben, noch so abgedreht, aber es ist so, wie ich am Anfang sagte: Ich bin ein Fan von Geschichten. Sie bringen mich voran, auf die Beine, durch die Nacht.

Dies sind großartige Geschichten, und wir haben Glück, dass es sie gibt. Man kann sie jetzt lesen und dann später noch mal, wenn wir das brauchen, was nur eine gute Geschichte bewirken kann: uns in Welten versetzen, die es nie gab, in die Gesellschaft von Leuten, die wir gern wären... oder die wir Gott sei Dank nicht sind.

Das reicht von meiner Seite, glaube ich. Und jetzt blättert schön um, wie brave Mädchen und Jungs...

... und süße Träume.

Bangor, Maine
9. Juni 1994

WIDMUNG

Dieses Buch ist für

MADDY,

winzig und rosa, geboren vor einer Stunde und zehn Minuten. Den größten Teil der dazwischen liegenden Zeit hat sie damit zugebracht, kräftig an meinen Fingern zu saugen, in der irrigen Annahme, sie stellten eine Leben spendende Nahrungsquelle dar. Ich widme dir all deine zukünftigen Tage und diese kleinen Geschichten:

In Liebe,

NEIL GAIMAN

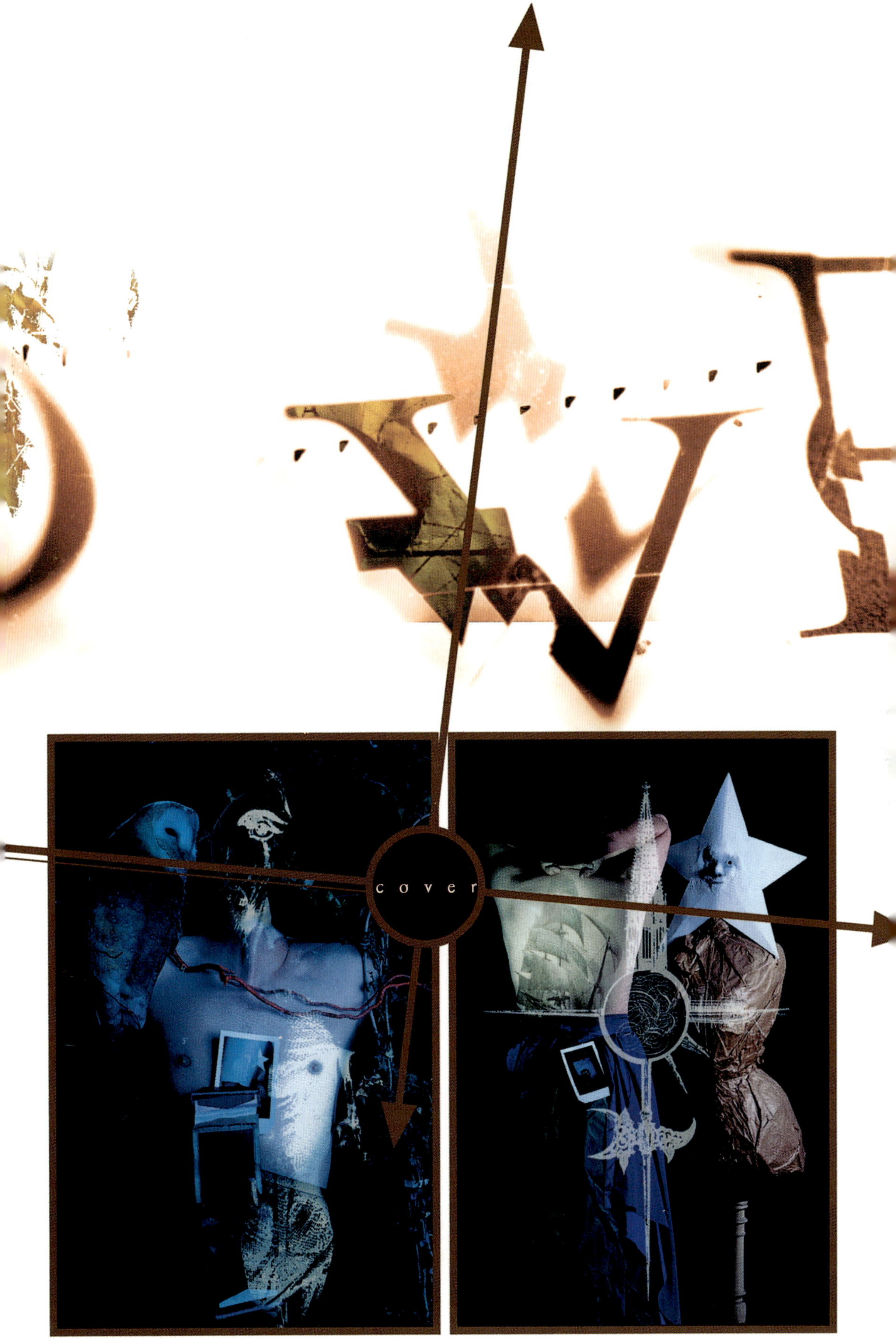
cover

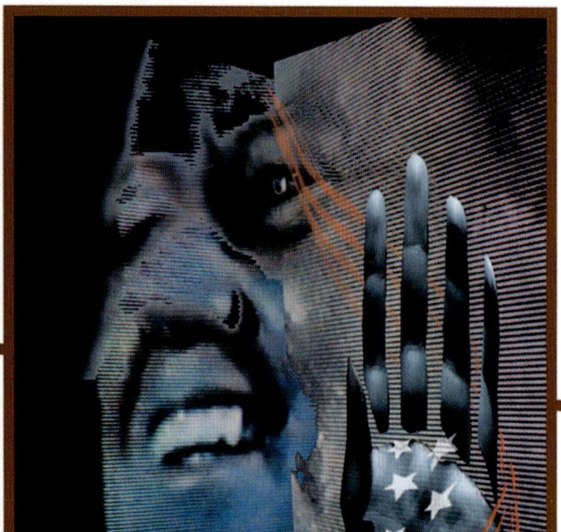

cover

WENN ICH DARAN ZURÜCKDENKE, ÜBERRASCHT MICH NOCH IMMER MEINE EIGENE REAKTION AUF ALL DAS.
CHARLENE MOONEY SCHLIEF AUF DEM SITZ NEBEN MIR, UND ICH WAR DEN GRÖSSTEN TEIL DER NACHT GEFAHREN.
ICH HATTE CHARLENE VERSPROCHEN, SIE UM 3 UHR MORGENS ZU WECKEN UND SIE FAHREN ZU LASSEN, ABER SIE SCHLIEF FEST UND ICH WAR NICHT ALLZU MÜDE.
JEDENFALLS WAR ES EINE WARME JUNINACHT. EINMAL SAH ICH SOGAR EINE EULE, IHRE FLÜGEL SCHIMMERTEN IM LICHT DER SCHEINWERFER.
ALLE ZWANZIG MINUTEN ODER SO ÜBERHOLTE ICH EINEN LASTER.
ICH FUHR 120 UND VERLANGSAMTE AUF 100, WENN DER RADARDETEKTOR PIEPTE, UND SUMMTE SEHR LEISE ZU EINER BUDDY-HOLLY-KASSETTE, UM CHARLENE NICHT ZU WECKEN. ICH WAR GERADE DURCH EINE KLEINE STADT MIT SO EINEM NAMEN WIE **NIRGENDWO**, 453 EINW., GEFAHREN, ALS ES ANFING ZU SCHNEIEN.
ICH MUSS WIRKLICH MÜDE GEWESEN SEIN.
DENN ICH FAND ES ÜBERHAUPT NICHT SELTSAM, DASS ES IM JUNI SCHNEITE. ICH DACHTE BLOSS: "SCHEISSE, SCHNEE", UND FUHR NUR NOCH 90.
ALS ES HEFTIGER SCHNEITE, SCHALTETE ICH DIE WISCHER EIN.
03:40

ICH FAHRE NICHT GERN BEI SCHNEE. DIE BEWEGUNG DER FALLENDEN SCHNEEFLOCKEN LÄSST MEINE AUGEN SCHMERZEN, MEIN GANZER GLEICHGEWICHTS-SINN GEHT ZUM TEUFEL.
ALS WÜRDE MAN IN EIN STERNENFELD STÜRZEN.
ICH DACHTE DARAN, CHARLENE ZU WECKEN, NUR UM IHR DEN SCHNEE ZU ZEIGEN, UND JEDENFALLS FING ICH AN, MICH EIN BISSCHEN ZU MÜDE ZUM FAHREN ZU FÜHLEN, ALS ETWAS GROSSES UND SELTSAMES VOM STRASSENRAND HER VOR DAS AUTO LIEF.
SCHEISS...
DANACH GESCHAH ALLES GANZ LANGSAM UND SEHR LEISE.
ICH DURCHBRACH DEN ZAUN UND SAUSTE ÜBER IRGENDWELCHE WIESEN, TRAT IMMER WIEDER AUF DIE BREMSE UND MACHTE MIR SORGEN DARÜBER, DASS DIE KOTFLÜGEL VON CHARLENES AUTO ZERKRATZT WERDEN KÖNNTEN UND WAS SIE DAZU SAGEN WÜRDE, WENN SIE ERWACHTE.
DANN HOLPERTE ICH DEN HÜGEL HINUNTER, DIE BREMSEN VERSAGTEN, UND ICH NAHM KURS AUF EINE DICKE EICHE. LANGSAM KAM DER BAUM NÄHER...
UND ICH DACHTE GANZ RUHIG, ICH WERDE STERBEN. HÖCHSTWAHRSCHEINLICH WERDE ICH STERBEN...
ICH BESCHLOSS, DASS EINFACH KEINE ZEIT WÄRE, CHARLENE ZU WECKEN UND MICH DAFÜR ZU ENTSCHULDIGEN, DASS ICH UNS BEIDE UMBRACHTE, WUNDERTE MICH NUR, WIE FROH ICH GEWESEN WAR, DIE KOSTEN FÜR EIN FLUGTICKET ZU SPAREN, INDEM CHARLENE UND ICH UNS BEI DER FAHRT MIT IHREM AUTO NACH CHICAGO ABWECHSELTEN.
WIR WAREN JA NICHT MAL RICHTIG BEFREUNDET.

ABER ICH HATTE KEINE ANGST. MACHTE MIR KEINE SORGEN. ALLES GESCHAH SEHR LANGSAM. ES WAR IRGENDWIE FOLGERICHTIG.
ICH WUSSTE, ICH KÖNNTE STERBEN, ABER ICH WUSSTE ES LEIDENSCHAFTSLOS: EIN MILDES INTERESSE WAR DIE STÄRKSTE EMPFINDUNG, DIE ICH HATTE.
MILDES INTERESSE, UND PLÖTZLICHE BESTÜRZUNG, ALS ICH BEGRIFF, DASS ES IM JUNI SCHNEITE.
DER AUFPRALL WAR VIEL ZU HART.
ES FOLGTE EINE STILLE, DIE KEINE WAR: DER MOTOR ERSTARB, ABER DA WAR EIN SURRENDES GERÄUSCH IRGENDWO UNTER DER HAUBE.
UND DER KASSETTENREKORDER LIEF NOCH.
"EVERY DAY", SPIELTE ER. "IT'S A-GETTIN' CLOSER, GOIN' FASTER THAN A ROLLER COASTER..."
ICH WAR ALSO NICHT TOT. ICH KONNTE CHARLENE AUF DEM BEIFAHRERSITZ STÖHNEN HÖREN, UND ICH KONNTE MICH NICHT BEWEGEN.
DANN DER MOMENT DES ENTSETZENS-- DER ERSTE.
VIELLEICHT WAR ICH GELÄHMT. VIELLEICHT WAR MEINE WIRBELSÄULE GEBROCHEN, UND ICH WÜRDE HIER STERBEN, BEWEGUNGSUNFÄHIG AUF EINEM FELD IN IOWA. ODER IDAHO. ODER SONST EINEM STAAT MIT EINEM VOKAL AM ANFANG.
ABER NEIN. ES WAR DER GURT. ICH FUMMELTE IHN AUF UND KLETTERTE AUS DEM AUTO.

CHARLENE WAR GERADE SO EBEN BEI BEWUSSTSEIN. SIE HATTE SCHNITTWUNDEN IM GESICHT, UND ICH ZOG SIE AUS DEM AUTO.
ALLES SCHIEN WIE EIN TRAUM, ALLES FÜHLTE SICH UNWIRKLICH AN. ES WAR, ALS WÜRDE ICH MIR SELBST ZUSEHEN, WIE ICH IN EINEM FILM ÜBER MEIN LEBEN SPIELTE.
BRANT? WAS... IST PASSIERT...?
ICH HABE DEIN AUTO KAPUTTGEFAHREN. DIESES **DING** RANNTE VOR UNS AUF DIE STRAßE UND--
OHH... GOTT...
DU ARSCHLOCH. RUINIERST MEIN AUTO. WARUM HAST DU MICH NICHT GEWECKT? WARUM HAST DU MICH NICHT FAHREN LASSEN?
DU SOLLTEST MICH WECKEN. DU SOLLTEST...
CHARLENE? ICH BRINGE DICH HOCH ZUR STRASSE. WIR KÖNNEN EIN AUTO ANHALTEN, ZUM KRANKENHAUS FAHREN...
CHARLENE? HÖRST DU?
ICH GLAUBE... ICH WERDE VERRÜCKT. ICH DENKE... IMMER NOCH... ES SCHNEIT.
TUT ES, GLAUBE ICH. STILL JETZT.
SO STOLPERTE ICH DURCH DIE WIESE ZURÜCK RICHTUNG STRASSE, BESCHMIERTE MICH MIT BLUT, DACHTE, ENTWEDER ICH KANN EIN AUTO ANHALTEN ODER ICH SUCHE EIN TELEFON. WIE AUCH IMMER, ALLES WIRD GUT.
ICH HOFFTE, DASS ES KEINE SCHÄDELFRAKTUR WÄRE: KOPFWUNDEN BLUTEN SOWIESO STARK. SELBST WENN ES NICHTS ERNSTES IST. ICH MEINE, SIE BLUTEN EINFACH. SOGAR ICH WEISS DAS.
ABER DIE STRASSE WAR WEITER WEG, ALS ICH ANNAHM.
ICH WEISS NICHT, WIE WEIT ICH MIT IHR LIEF. ICH WEISS, DASS ICH LIEF, BIS ICH NICHT MEHR KONNTE. SIE WURDE SCHWER WIE BLEI, UND ICH SANK IN DEN SCHNEE, KONNTE MICH NICHT MEHR RÜHREN.

WANN HATTEN DIE HALLUZINATIONEN ANGEFANGEN? MIT DEM SCHNEE? DEM TIER? DER STIMME?
CHARLENE WAR BEWUSSTLOS.
ICH FÜHLTE MICH SEHR KALT UND STEIF. UND NICHTS SCHIEN VERLOCKENDER, ALS MICH IN DEN SCHNEE ZU LEGEN UND NIE MEHR AUFZUSTEHEN.
DANN SAGTE DIE STIMME:
Kumpel, wenn de mich frägst, da im Schnee rumsitzen is nich wirklich das intelligenze von alles wasse tun könnst.
WAS--? HALLO? IST DA JEMAND?
Wo?
HIER.
Meinste, außer mir?
Na, ich bin je'nfalls hier. Sach ich ma so. Wär ich nämlich nich hier, hätt ich auch nix gesacht.
ICH MEINE DICH.
ICH SEHE MICH UM, ABER KEINER IST DA.
Du brauchst Hilfe, Kumpel. Du un die Lady. Das rote Zeugs is bestimmt Blut. Sollte drin blei'm, nich? Schlechtes Zeichen, wenn's nich drin is, sach ich ma so.
Hm. Stück die Straße hoch is das Gasthaus. Brauchst bloß sicher sein, dass es da is. Wenn nich, dann zwusch, isses bloß Glühwürmchen un Bäume.
Grade rüber, da drüben.
ICH KANN NICHT. KANN SIE NICHT AUFHEBEN. MICH BEWEGEN. AUFSTEHEN.
Ah so. Gern zu Diensten, mein Jung.
EIN SCHARFER SCHMERZ, WIE NADELN IN MEINEM HINTERN, LIESS MICH AUFSPRINGEN.
EIN KLEINES TIER TRIPPELTE DURCH DEN SCHNEE DAVON.
DORNEN?

ICH HOB CHARLENE AUF UND STOLPERTE WEITER.
SCHNEE VERÄNDERT EINE LANDSCHAFT VÖLLIG. ES SCHIEN, ALS KÖNNTE ICH NICHT EINMAL DEN HIGHWAY FINDEN.
ABER ICH FAND EINE ART FELDWEG.
UND AM ENDE DES WEGES SAH ICH DAS LICHT.
GLÜHWÜRM-CHEN...?
Worlds' end
a free house
WER IST ALS NÄCHSTER DRAN?
TJA, ICH HABE MAL EINE GESCHICHTE GEHÖRT IN ABDERA, ÜBER EINEN HUNGRIGEN SPIEGEL AUS GEHÄMMERTER BRONZE...
DIE OLLE KAMELLE? DA HAST DU BESSERES ZU BIETEN, MENTON.
NA DANN...
6

SIEH EINER AN! WAS HABEN WIR DENN DA? WAS IST EUCH ZUGESTOSSEN, MEIN FREUND? UND DER FRAU?
ICH MUSS IHR TELEFON BENUTZEN. DAS AUTO IST-- EIN TIER AUF DER STRASSE-- DER BAUM-- MEINE BEKANNTE IST SCHWER VERLETZT...
EIN TELEFON? DAVON HABE ICH GEHÖRT. ICH GLAUBE KAUM, DASS SOLCH EIN GEGENSTAND IN DIESEM GASTHAUS ZU FINDEN IST ODER DASS ER DEINER FREUNDIN VON NUTZEN SEIN KÖNNTE.
ABER ICH BIN EIN CHIRURG VON BEACHTLICHEM RANG.
WIRTIN! HIER SIND REISENDE, DIE HILFE BENÖTIGEN!
VOM STURM ÜBERRASCHT WORDEN, HM?
HIER, TRINKEN SIE DAS.
ABER ICH MUSS DOCH--
TRINKEN.
7

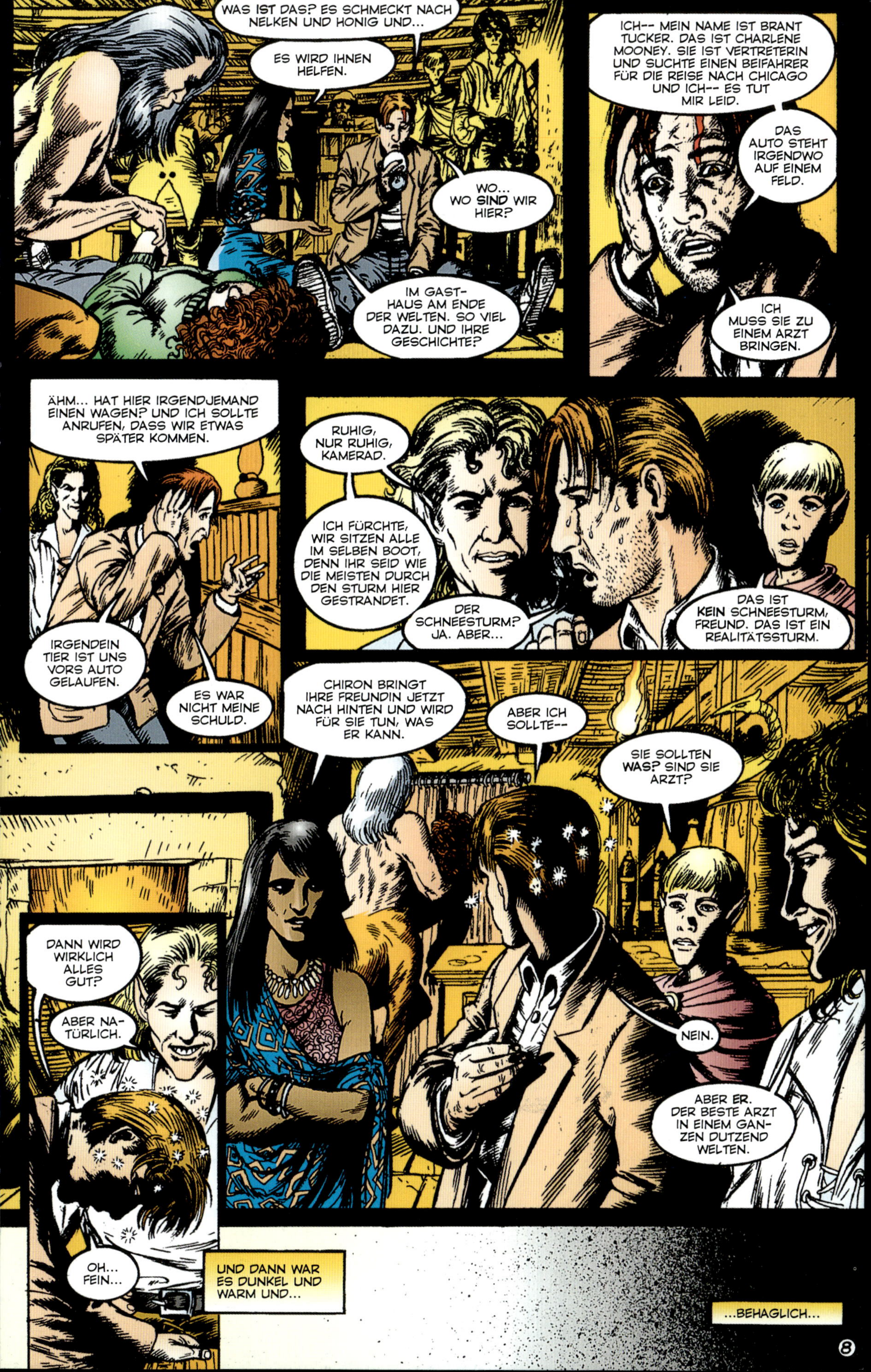

WAS IST DAS? ES SCHMECKT NACH NELKEN UND HONIG UND...
ES WIRD IHNEN HELFEN.
WO... WO SIND WIR HIER?
IM GASTHAUS AM ENDE DER WELTEN. SO VIEL DAZU. UND IHRE GESCHICHTE?
ICH-- MEIN NAME IST BRANT TUCKER. DAS IST CHARLENE MOONEY. SIE IST VERTRETERIN UND SUCHTE EINEN BEIFAHRER FÜR DIE REISE NACH CHICAGO UND ICH-- ES TUT MIR LEID.
DAS AUTO STEHT IRGENDWO AUF EINEM FELD.
ICH MUSS SIE ZU EINEM ARZT BRINGEN.
ÄHM... HAT HIER IRGENDJEMAND EINEN WAGEN? UND ICH SOLLTE ANRUFEN, DASS WIR ETWAS SPÄTER KOMMEN.
IRGENDEIN TIER IST UNS VORS AUTO GELAUFEN.
ES WAR NICHT MEINE SCHULD.
RUHIG, NUR RUHIG, KAMERAD.
ICH FÜRCHTE, WIR SITZEN ALLE IM SELBEN BOOT, DENN IHR SEID WIE DIE MEISTEN DURCH DEN STURM HIER GESTRANDET.
DER SCHNEESTURM? JA. ABER...
DAS IST KEIN SCHNEESTURM, FREUND. DAS IST EIN REALITÄTSSTURM.
CHIRON BRINGT IHRE FREUNDIN JETZT NACH HINTEN UND WIRD FÜR SIE TUN, WAS ER KANN.
ABER ICH SOLLTE--
SIE SOLLTEN WAS? SIND SIE ARZT?
NEIN.
ABER ER. DER BESTE ARZT IN EINEM GANZEN DUTZEND WELTEN.
DANN WIRD WIRKLICH ALLES GUT?
ABER NATÜRLICH.
OH... FEIN...
UND DANN WAR ES DUNKEL UND WARM UND...
...BEHAGLICH...

*CHARLES DICKENS

ES WAR EINMAL EIN MANN, DER LEBTE IN EINER STADT, UND ER HATTE SEIN GANZES LEBEN IN DIESER STADT VERBRACHT.

NICHT, DASS ER DIE STADT NIEMALS VERLASSEN HÄTTE. ER HATTE URLAUB AM MEER GEMACHT, UND ALS SEINE ELTERN STARBEN, NUTZTE ER DIE GELEGENHEIT, NAHM SEINE KLEINE ERBSCHAFT UND VERBRACHTE ZWEI WOCHEN AUF EINER TROPISCHEN INSEL, WO ER SICH EINEN SCHWEREN SONNENBRAND ZUZOG.

ER HATTE EINE STELLE IM STADTZENTRUM, UND JEDEN MORGEN PENDELTE ER VOM STADTRAND ZUR ARBEIT, ABENDS FUHR ER NACH HAUSE ZURÜCK.

MORGENS LAS ER IN DER U-BAHN IMMER DIE ZEITUNG, UND ER FRAGTE SICH, WAS GESCHEHEN WÜRDE, WENN DER WAGGON PLÖTZLICH AUF EINEN ANDEREN PLANETEN VERSETZT WÜRDE: WIE LANGE WÜRDEN DIE FAHRGÄSTE BRAUCHEN, BIS SIE MITEINANDER ZU SPRECHEN ANFINGEN, WER WÜRDE SICH IN WEN VERLIEBEN, WER WÜRDE AUFGEFRESSEN IM FALLE, DASS DIE VORRÄTE AUSGINGEN.

ER SCHÄMTE SICH EIN WENIG FÜR DIESE TAGTRÄUME.

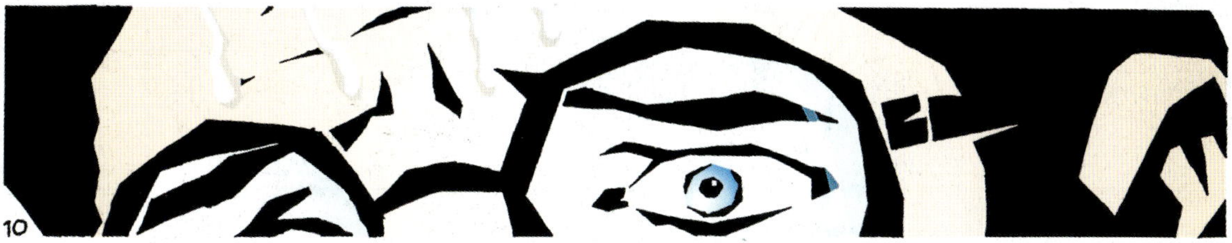

DEN GANZEN TAG ARBEITETE ER AN EINEM SCHREIBTISCH, IN EINEM RAUM MIT DUTZENDEN VON MÄNNERN UND FRAUEN, DIE AN SCHREIBTISCHEN WIE DEM SEINEN SASSEN UND IHRE ARBEIT TATEN WIE ER. ER MOCHTE SEINEN JOB WEDER, NOCH MOCHTE ER IHN NICHT: ER HATTE DIE STELLE ANGENOMMEN, WEIL ES EINE STELLE AUF LEBENSZEIT WAR, WEIL SIE IHM STABILITÄT UND SICHERHEIT BOT.

ABER IN DER MITTAGSPAUSE, WENN SEINE KOLLEGEN IN DER KANTINE IN EINEM ANDEREN STOCKWERK VERSCHWANDEN, UM SUBVENTIONIERTE MAHLZEITEN ZU ESSEN UND KLATSCH AUSZUTAUSCHEN, NAHM DER MANN, DER ROBERT HIESS, GEWÖHNLICH EIN SANDWICH AUS SEINER AKTENTASCHE UND ERKUNDETE EINE STUNDE LANG DIE SEITENSTRASSEN DER STADT.

ER LIEF ODER FUHR MIT DEM BUS UND STARRTE IMMER WIEDER AUF SEINE STADT, UND ES MACHTE IHN GLÜCKLICH.

EIN ORNAMENT AN EINER WAND ÜBER EINER TÜR EINES BAUFÄLLIGEN HAUSES, EIN BREITER SONNENSTRAHL, VOM ZAUN EINES PARKS REFLEKTIERT, DER ZU EINER REIHE VON SPEEREN WURDE, DIE DEN GRÜNEN RASEN UND DIE SPIELENDEN KINDER SCHÜTZTEN, EIN GRABSTEIN AUF EINEM FRIEDHOF, ZERFRESSEN VON WIND UND REGEN UND ZEIT, BIS DIE WORTE AUF DEM STEIN AUSGELÖSCHT WAREN, UND DOCH BILDETEN MOOS UND FLECHTEN NOCH BUCHSTABEN AUS VERGESSENEN ALPHABETEN...

DEN ANBLICK ALL DIESER UND VIELER ANDERER DINGE SAMMELTE UND HÜTETE ER.

ROBERT BETRACHTETE DIE STADT ALS RIESENGROSSES JUWEL, UND DIE WINZIGEN MOMENTE DER REALITÄT, DIE ER IN SEINEN MITTAGSSTUNDEN FAND, ALS GESCHLIFFENE, GLITZERNDE FACETTEN DES GANZEN.

GIBT ES EINEN MENSCHEN AUF DER WELT, DER NICHT TRÄUMT? DER NICHT IN SEINEN TRÄUMEN UNVORSTELLBARE WELTEN UMFASST?

ROBERT KAM NICHT AUF DEN GEDANKEN, DASS JEDER SEINER ARBEITSKOLLEGEN ETWAS HATTE, DAS IHN EBENFALLS EINZIGARTIG MACHTE, NOCH DACHTE ER DARAN, DASS SEINE BEGEISTERUNG FÜR DIE STADT SELBST JENSEITS DES ALLTÄGLICHEN LAG.

MANCHMAL, WENN ER NICHT SCHLAFEN KONNTE, WANDERTE ROBERT DES NACHTS ALLEIN DURCH DIE STADT, UM DAS GESICHT ZU SEHEN, DAS SIE IN DER DUNKELHEIT ZEIGTE UND DAS NICHT IHREM TAGESGESICHT GLICH. EINMAL ZITTERTE ER, ALS ER HINTER EINEM FENSTER JEMANDEN SCHREIEN HÖRTE, DER VIELLEICHT IN EINEM ALBTRAUM VERSUNKEN WAR, ODER VON SCHRECKEN WACH WURDE, DENEN MAN NICHT INS AUGE BLICKEN KONNTE.

ES GAB EINEN FLUSS, DER DURCH DIE STADT FLOSS, UND WÄHREND SEINER NÄCHTLICHEN SPAZIERGÄNGE STARRTE ROBERT IMMER IN IHN HINEIN UND BETRACHTETE DIE LICHTER DER STADT, DIE SICH DARIN SPIEGELTEN.

AM NÄCHSTEN TAG BEI DER ARBEIT WAR ER DANN MÜDE.

EINES MORGENS NAHM ER WIE IMMER DIE U-BAHN ZUR ARBEIT UND VERBRACHTE SEINEN TAG DAMIT, SICH IN DEM RAUM MIT DEN SCHREIBTISCHEN ABZUMÜHEN. ZUR MITTAGSSTUNDE WANDERTE ER DURCH DAS EINKAUFSVIERTEL.

ER GING DURCH GASSEN UND WEGE UND ALLEEN, DIE ER SCHON HUNDERT MAL DURCHSCHRITTEN HATTE, UND DANN SAH ER DIE SILBERGASSE.

SIE SCHIMMERTE UND FUNKELTE WEIT ENTFERNT HINTER EINEM STRASSENMARKT.

ROBERT RANNTE ÜBER DEN MARKT, ABER ALS ER AM ENDE DER STRASSE ANKAM, FAND ER NUR EINEN SCHMALEN GANG, UND DIE SILBERGASSE WAR NIRGENDS ZU SEHEN.

ER KEHRTE ZUR ARBEIT ZURÜCK, STELLTE ABER FEST, DASS ER SICH NICHT KONZENTRIEREN KONNTE. DIE ARBEIT VON ZWEI STUNDEN ZOG SICH DREI, VIER STUNDEN HIN; UND ALS ER FERTIG WAR, BEFAND ER SICH ALLEIN IN DEM LEEREN BÜRO.

DIE SONNE WAR UNTERGEGANGEN, UND ER HATTE DEN ZUG NACH HAUSE VERPASST.

ROBERT WARTETE AUF EINEM LEEREN BAHNSTEIG UND TRÄUMTE VON DER SILBERGASSE DURCH DIE STADT.

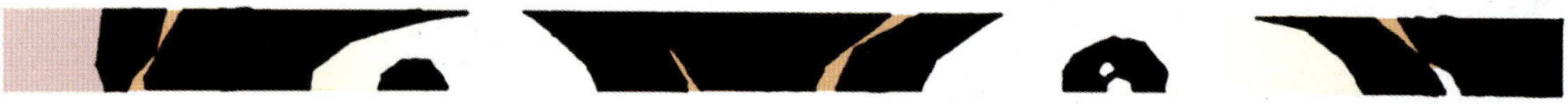

VIELLEICHT DÖSTE ER EIN, VIELLEICHT AUCH NICHT, JEDENFALLS WURDE ER AUS SEINER TRÄUMEREI GERISSEN, ALS DER ZUG EINFUHR.

ER ÄHNELTE KEINER U-BAHN, DIE ER JE ZUVOR GESEHEN HATTE, DIE KONTUREN WAREN WEICH UND FREMDARTIG.

ER HIELT LAUTLOS, UND ROBERT STIEG EIN.

ES GAB NUR EINEN EINZIGEN WEITEREN PASSAGIER.

ER STAND EINSAM IN DEM ABTEIL, DAS ROBERT BETRETEN HATTE: EIN BLEICHER MANN MIT WILDEN, SCHWARZEN HAAREN, DER EINEN LANGEN SCHWARZEN MANTEL TRUG.

ES DAUERTE NUR WENIGE MINUTEN, BIS ROBERT MERKTE, DASS ETWAS NICHT STIMMTE: DER ZUG HIELT AN KEINER STATION. STATTDESSEN EILTE ER LAUTLOS UNTER DER STADT VORAN.

"ENTSCHULDIGEN SIE? WIRD DIESER ZUG HALTEN? IST DIES DIE STADTLINIE? ICH FÜRCHTE, ICH BIN IN DEN FALSCHEN ZUG EINGESTIEGEN. ICH FÜRCHTE..."

DER FREMDE STARRTE IHN NUR AN. DUNKLE AUGEN, WIE SEEN DER NACHT.

ROBERT WICH NERVÖS EINEN SCHRITT ZURÜCK, UND IN DIESEM MOMENT FÜHLTE ER, WIE DER ZUG LANGSAMER WURDE.

DIE LICHTER EINER STATION SCHIMMERTEN DURCH DIE ZUGFENSTER.

DIE TÜREN ZISCHTEN AUF, UND ROBERT STOLPERTE HINAUS.

ER ERINNERTE SICH NICHT AN DIESE STATION. ES GAB KEIN SCHILD, DAS DEN NAMEN VERRATEN HÄTTE, UND DIE BELEUCHTUNG WAR SPÄRLICH.

ER EILTE DIE TREPPE HINAUF. ROBERT WAR SICH SICHER, DASS IHM DIE STADT VERTRAUT GENUG WAR, SODASS ES IHM EIN LEICHTES SEIN WÜRDE, SICH ZU ORIENTIEREN, WENN ER ERST AUF DER STRASSE STAND.

ER WÜRDE EIN TAXI NACH HAUSE NEHMEN. DAS WÜRDE ZWAR TEUER, ABER DIE AUSGABE NÄHME ER GERN AUF SICH. DURCH EIN TOR SCHRITT ER AUF DIE STRASSE.

DA WAR ETWAS, DAS IHM MEHR ALS BEKANNT VORKAM AN DER STRASSE, IN DER ER STAND. ETWAS, DAS ER NICHT EINORDNEN KONNTE, UND ES WAR IHM UNMÖGLICH, DEN NAMEN DER STRASSE ZU NENNEN.

ER DREHTE SICH UM, ABER DAS TOR WAR VERSCHWUNDEN.

HOHE, LICHTLOSE GEBÄUDE RAGTEN DROHEND ÜBER IHM AUF.

ROBERT EILTE DURCH DIE STADT-- FALLS ES NOCH DIE STADT WAR, DENN DARÜBER WAR ER SICH NICHT IM KLAREN.

EIN KALTER WIND BLIES DURCH ALLEEN UND AVENUES UND BRACHTE VERTRAUTE DÜFTE MIT: DIE FLEISCHHALLE IN DER DÄMMERUNG, HEISS LAUFENDE FERNSEHGERÄTE IN DEN ELEKTROGESCHÄFTEN, DER GERUCH FRISCH AUFGEWORFENER ERDE UND VON BRENNENDEM TEER, VON ABWASSERROHREN UND UNTERGRUNDBAHNEN.

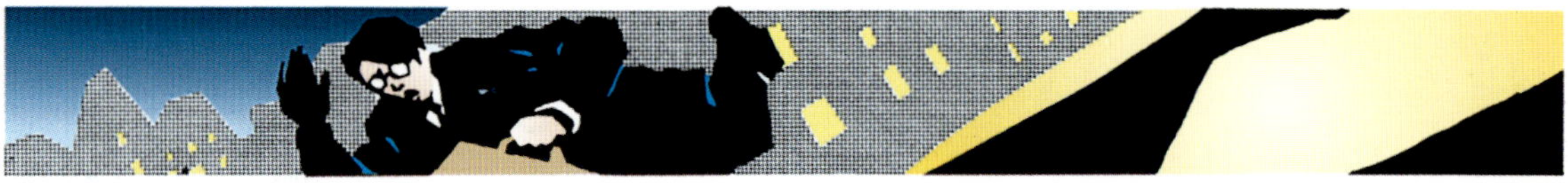

ROBERT FING AN ZU RENNEN, WAR SICH SICHER, DASS ER IRGENDWANN EINE STRASSE ODER EIN GEBÄUDE SEHEN WÜRDE, AN DAS ER SICH ERINNERTE.

ES GELANG IHM NICHT. AM ENDE BRACH ER ZUSAMMEN, ATEMLOS, VOR EINER BETONWAND.

ROBERT SPÜRTE, DASS VON ZEIT ZU ZEIT AUGEN AUS FENSTERN UND EINGÄNGEN AUF IHM RUHTEN. DOCH DIE GESICHTER, DIE ER ZU SEHEN BEKAM, **WENN** ER SIE ZU SEHEN BEKAM, WAREN VERLOREN, VERÄNGSTIGT UND WEIT WEG, UND NIEMAND KAM NAH GENUG, UM MIT IHM ZU SPRECHEN.

ES GAB AUCH ANDERE, EIGENARTIGE MENSCHEN IN DER STADT, DOCH ES WAREN KURZLEBIGE, FLÜCHTIGE ERSCHEINUNGEN, DIE AUFBLITZTEN UND VERSCHWANDEN.

VON ZEIT ZU ZEIT PFLEGTE DER HIMMEL HELL ZU WERDEN, ZU ANDEREN ZEITEN WURDE ER DUNKEL. DOCH ES GAB KEINE STERNE UND KEINEN MOND AM DUNKLEN HIMMEL UND KEINE SONNE BEI TAG.

DIE STRASSEN VERWIRRTEN IHN, TRIEBEN IHN UMHER. IMMER WIEDER PASSIERTE ES IHM, DASS ER AN EINER KATHEDRALE VORÜBERKAM ODER AN EINEM MUSEUM, AN EINEM WOLKENKRATZER ODER EINEM SPRINGBRUNNEN... ALLES QUÄLEND BEKANNT. DOCH ER STIESS NIE ZWEIMAL AUF DIESELBE ECKE, KONNTE NIEMALS DIE STRASSE FINDEN, DIE ZURÜCKFÜHRTE.

NOCH MACHTE ER JEMALS DIE U-BAHN-STATION AUS, VON DER AUS ER DIESES VERZERRTE ECHO DER STADT BETRETEN HATTE.

ER WAR SEIT TAGEN IN DER STADT, ODER SEIT WOCHEN, ODER VIELLEICHT SOGAR SEIT MONATEN. ER HATTE KEIN EMPFINDEN DAFÜR.

ROBERT FAND DEN FLUSS BEI SONNENAUFGANG, OBWOHL KEINE SONNE AUFGING. ER GLITZERTE UND FLIRRTE WIE EIN SILBERNES BAND. ES GAB EINE BRÜCKE ÜBER DEN FLUSS, EINEN ELEGANT GESCHWUNGENEN BOGEN AUS STEIN UND METALL.

ER WANDERTE BIS AUF DEN HÖCHSTEN PUNKT DER BRÜCKE UND STARRTE AUF DIE STADT.

ER HATTE ES FÜR EINEN HAUFEN LUMPEN GEHALTEN, DOCH ES REGTE SICH, BEWEGTE SICH UND STAND SCHLIESSLICH AUF.

DER ALTE MANN GING AUF ROBERT ZU. "ES IST **WUNDERSCHÖN**, NICHT WAHR?"

"JA", SAGTE ROBERT, "DAS IST ES."

SIE STANDEN ZUSAMMEN DORT AUF DER BRÜCKE UND BLICKTEN HINAUS.

"WO SIND WIR?" FRAGTE ROBERT.

"IN DER STADT", SAGTE DER ALTE MANN.

ROBERT SCHÜTTELTE DEN KOPF. "ICH BIN MEIN LEBEN LANG IN DER STADT UMHERGELAUFEN. DIES IST NICHT DIE STADT, OBWOHL ES MOMENTE GIBT, IN DENEN ICH MICH AN TEILE DER STADT ZU ERINNERN SCHEINE, SO WIE MAN SICH AN EINE ZEILE AUS EINEM VERTRAUTEN GEDICHT IN EINEM FREMDEN BUCH ERINNERT."

DER ALTE MANN FASSTE ROBERT AN DER SCHULTER.

"DIES **IST** DIE STADT", WIEDERHOLTE ER.

"UND... WO IN DER STADT SIND WIR DANN?"

"ICH GLAUBE..." DER ALTE MANN SCHWIEG. ES GING EIN KALTER WIND OBEN AUF DER BRÜCKE.

"ICH BIN SCHON VIELE, VIELE JAHRE HIER. WIE VIELE, WEISS ICH NICHT. IN DIESER ZEIT HATTE ICH VIEL GELEGENHEIT ZUM NACHDENKEN."

"VIELLEICHT IST DIE STADT EIN LEBEWESEN. SCHLIESSLICH HAT JEDE STADT IHRE EIGENE PERSÖNLICHKEIT.

"LOS ANGELES IST NICHT WIEN. LONDON IST NICHT MOSKAU. CHICAGO IST NICHT PARIS. JEDE STADT IST EINE ANSAMMLUNG VON LEBEN UND GEBÄUDEN UND HAT EINE EIGENE PERSÖNLICHKEIT."

"UND?"

"UND WENN EINE STADT EINE PERSÖNLICHKEIT HAT, HAT SIE VIELLEICHT AUCH EINE SEELE. VIELLEICHT TRÄUMT SIE.

"ICH GLAUBE, DASS WIR DAHIN GERATEN SIND. WIR BEFINDEN UNS IN DEN TRÄUMEN DER STADT. DARUM SCHWANKEN MANCHE ORTE AM RANDE DES WIEDERERKENNENS, SODASS WIR BEINAH WISSEN, WO WIR SIND."

"SIE MEINEN, WIR SCHLAFEN?"

"NEIN. WIR SIND WACH. DAS NEHME ICH JEDENFALLS AN. ICH DENKE, DASS DIE STADT SCHLÄFT. UND DASS WIR ALLE DURCH DEN TRAUM DER STADT STOLPERN."

GEMEINSAM VERLIESSEN DIE ZWEI MÄNNER DIE BRÜCKE UND GINGEN IN DIE STADT ZURÜCK.

"DIE SCHIMMERNDEN MENSCHEN-- WER SIND SIE?"

"WER WEISS? VIELLEICHT SIND ES WACHE LEUTE, DIE DURCH UNSERE WELT FLATTERN. FÜR DEN BRUCHTEIL EINES MOMENTS BETRETEN SIE DEN TRAUM DER STADT UND SEHEN DIE STADT SO, WIE WIR SIE SEHEN. ODER VIELLEICHT SIND ES LEUTE, VON DENEN DIE STADT TRÄUMT..."

ÜBER IHNEN TÜRMTEN UND ERHOBEN SICH GEWALTIGE ZYKLOPENWÄNDE. LICHTER FLACKERTEN AN UND AUS IN ENTFERNTEN GEBÄUDEN, ALS WÜRDEN SIE IN EINEM UNSICHEREN CODE BOTSCHAFTEN FÜR EINEN FERNEN BEOBACHTER BUCHSTABIEREN.

"WAS WIRD MIT MIR GESCHEHEN?" FRAGTE ROBERT.

DER ALTE MANN ZUCKTE MIT DEN ACHSELN. "ZU MEINER ZEIT HABE ICH VIELE LEUTE IN DER STADT GESEHEN", SAGTE ER. "ABER ES IST EINE GROSSE STADT, UND VON UNS GIBT ES NUR WENIGE. ICH WEISS NICHT, WAS AUS IHNEN WIRD. ICH SELBST BIN DAMIT ZUFRIEDEN, DURCH DIE STRASSEN ZU WANDERN."

"VIELLEICHT WERDE ICH EINES TAGES IN DIE WACHWELT ZURÜCKKEHREN. ICH BIN AUF DER SUCHE NACH EINER STRASSE, DIE ICH IN DER REALEN STADT KANNTE-- UND WENN ICH SIE FINDE, WERDE ICH SIE HINUNTERGEHEN UND MICH IN DER REALEN WELT WIEDERFINDEN."

"DAS IST ES, WAS ICH ERHOFFE UND WOFÜR ICH BETE, UND LETZTLICH IST ES DER ANDEREN MÖGLICHKEIT VORZUZIEHEN."

"UND DIE WÄRE?"

"DASS DIE STADT ERWACHT", SAGTE DER ALTE MANN. "DASS SIE ERWACHT UND--"

DOCH DA BRACH ER AB UND GESTIKULIERTE WILD. **"DA!"**, RIEF ER AUS. "SEHEN SIE ES NICHT? DIESE ECKE, DORT, ZWISCHEN DER WAND UND DEM ALTEN HAUS? KOMMT SIE IHNEN NICHT BEKANNT VOR?"

VERWIRRT RISS ROBERT DIE AUGEN AUF.

DOCH DER ALTE MANN LIEF SCHON ÜBER DIE STRASSE.

"WARTE! WARTE AUF MICH!", SCHRIE DER ALTE MANN.

DER ALTE MANN SCHOSS ÜBER DIE STRASSE UND IN EINEN DURCHGANG HINEIN UND WAR VERSCHWUNDEN.

ALS ROBERT DEN DURCHGANG ERREICHTE, STELLTE ER FEST, DASS ES SICH UM EINE SACKGASSE HANDELTE UND VÖLLIG LEER WAR. DEN ALTEN MANN SAH ER NIE WIEDER.

ABER ROBERT HATTE NUN EIN ZIEL. ER HIELT AUSSCHAU NACH ETWAS, DAS ER KANNTE: EINEN PFAD, EINE GASSE ODER STRASSE. ER DURCHSTREIFTE DIE STADT DER TRÄUME AUF DER JAGD NACH ETWAS, DAS ER WIEDERERKANNTE: AUF DER SUCHE NACH DER REALITÄT.

ER ERKLOMM DIE TREPPEN VON WOLKENKRATZERN AUF DER JAGD NACH EINEM EINGANG, DEN ER SCHON EINMAL GESEHEN HATTE.

ER BEGAB SICH TIEF UNTER DIE STADT, STIEG AUF EINGEBILDETEN FÄHRTEN NASSE, KLAMME STUFEN HINAB, DIE IHN NIRGENDWO HINFÜHRTEN.

ER LIEF DURCH ENGE HINTERHÖFE, VORBEI AN EWIG GESCHLOSSENEN RESTAURANTS ODER KLEINEN LÄDEN, DIE-- NACH DEM ZU URTEILEN, WAS ER IN DEN FENSTERN SAH-- WUNDERDINGE VERKAUFTEN, ABER NIE GEÖFFNET HATTEN.

ER LIEF MÖGLICHERWEISE MONATELANG, SPRACH MIT NIEMANDEM, BIS ZU DEM TAG, AN DEM ER EINE FRAU IM DACHGARTEN EINES GEBÄUDES ANTRAF, DAS AUS DER STADT EMPORRAGTE WIE EIN SCHWARZER ZAHN.

SIE SASS NEBEN EINEM KLEINEN SPRINGBRUNNEN UND SAH AUF, ALS ER SICH NÄHERTE.

"MEIN HERR-- WENN SIE REAL SIND UND NICHT ERFINDUNG ODER DER FANTASIE ENT-SPRUNGEN-- WO SIND WIR?", FRAGTE SIE IHN.

"WIE REAL ICH BIN, KANN ICH NICHT MEHR SAGEN", ERKLÄRTE ER. "ABER WIR SIND IN DER STADT, SO HAT MAN MIR JEDENFALLS VERSICHERT."

ES WAR ETWAS AN DER FRAU-- DIE ART, WIE SIE DEN KOPF TRUG VIELLEICHT--, ODER DIE FARBE IHRER AUGEN, ODER DIE LINIE, DIE EINE LOCKE ZEICHNETE, WIE SIE VON DER STIRN IN DIE WANGE FIEL.

ROBERT SCHRITT AUF SIE ZU.

DA BEMERKTE ER HINTER DEN BLUMEN UND TOPFPFLANZEN (EINIGE VON GANZ GEWÖHNLICHEM, ANDERE VON SELTSAM EXOTISCHEM AUSSEHEN, DAS BEINAH ÜBERIRDISCH WIRKTE) EINEN ZUGANG.

DIE TÜR WAR VON FAST UNERTRÄGLICHER VERTRAUTHEIT, ER WAR JEDEN TAG HINDURCH GEGANGEN AUF DEM WEG ZU SEINER ARBEIT, IN EINEM LEBEN, DAS NUN FERN UND UNWIRKLICH SCHIEN WIE DER MOND.

"WIE HEISSEN SIE?", FRAGTE SIE IHN.

DIE FRAU STRECKTE EINE HAND AUS. ROBERT GLAUBTE, DASS SIE IHN BERÜHREN WÜRDE, UND WENN SIE IHN BERÜHRTE, WÜRDE ER FÜR IMMER VERLOREN SEIN.

ER RANNTE ÜBERSTÜRZT DURCH DEN DACHGARTEN, WARF UNTERWEGS PFLANZEN UM, RANNTE UNGESTÜM, HALS ÜBER KOPF, OHNE SICH UMZUSEHEN.

DANN DURCH DIE TÜR.

UND WAR GEBLENDET.

"ALLES IN ORDNUNG?"

ROBERT SAH SICH UM, BLINZELTE INS SONNENLICHT.

"DANKE", SAGTE ER, "MIR GEHT ES GUT."

ICH TRAF ROBERT IN EINEM DORF IN DER NÄHE DER SCHOTTISCHEN KÜSTE, EINIGE JAHRE NACH DEN ERWÄHNTEN EREIGNISSEN.

ER LEBTE DA IN DIESEM SEHR KLEINEN DORF, ES BESTAND AUS WENIGEN VERSTREUTEN HÄUSERN UND HÖFEN UND EINEM LADEN, DER ALS POSTAMT, LAGER UND GASTHAUS DIENTE. AUSSERDEM GAB ES NUR NOCH KÜMMERLICHE SCHAFE UND VERDORRTE BÄUME UND DAS STETE, LEISE GEMURMEL DER SEE.

IN EBEN JENEM GASTHAUS ERZÄHLTE ER MIR DIE GESCHICHTE, DIE ICH IHNEN ERZÄHLT HABE.

ER WAR EIN ÜBERAUS ÄNGSTLICHER MENSCH.

"BEFÜRCHTEN SIE, DASS SIE EINES TAGES IN DIE TRÄUME DER STADT ZURÜCKKEHREN KÖNNTEN?", FRAGTE ICH IHN. "IST DAS DER GRUND DAFÜR, DASS SIE HIER DRAUSSEN LEBEN?"

ER SCHÜTTELTE DEN KOPF, UND WIR GINGEN SPAZIEREN. DER NEBEL HING TIEF UND WEISS UND DICK, UND WIR HÄTTEN EBENSO GUT NIRGENDS GEWESEN SEIN KÖNNEN.

"WENN DIE STADT TRÄUMT", ERZÄHLTE ER MIR, "DANN SCHLÄFT DIE STADT. UND SCHLAFENDE STÄDTE, BEWUSSTLOS HINGESTRECKT UM IHRE FLÜSSE UND BUCHTEN WIE KATZEN IM MONDSCHEIN, FÜRCHTE ICH NICHT. SCHLAFENDE STÄDTE SIND ZAHM UND HARMLOS."

"WAS ICH FÜRCHTE", SAGTE ER, "IST, DASS DIE STÄDTE EINES TAGES ERWACHEN. DASS SIE SICH EINES TAGES ERHEBEN."

ICH MÖCHTE GERN GLAUBEN, DASS NUR DIE KÄLTE MIR EINEN SCHAUER ÜBER DEN RÜCKEN JAGTE, NUR EIN NEBELSTREIF IN MEINER KEHLE MICH NACH LUFT SCHNAPPEN LIESS.

ROBERT GING FORT ÜBER DAS MOOR, UND ICH SAH IHN NIEMALS WIEDER.

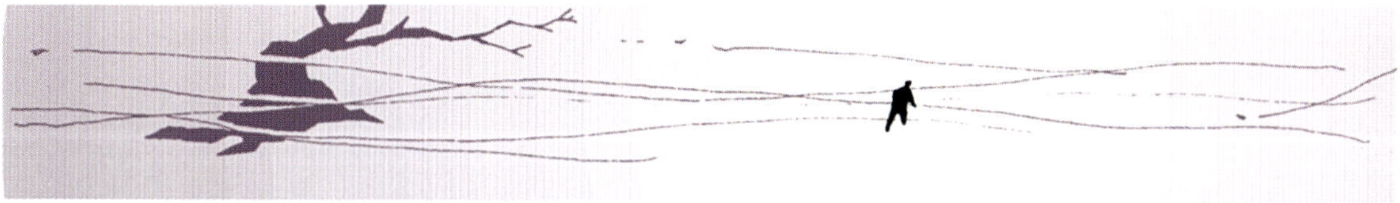

SEITHER IST MIR IN STÄDTEN ETWAS UNBEHAGLICH.

FERTIG.

DAS WAR MEINE GESCHICHTE.
WER KOMMT JETZT?

♫
UND... WOHER KOMMEN SIE?
SEATTLE. UND SIE?
AUS DER NEKROPOLIS LITHARGIA.
AH JA. WO IST DAS?
AM FUSS DER ANGINA-BERGE.
SPARTAN QUALITY
AH.
PLÖTZLICH ZOG EIN GEWITTERSTURM AUF, UND DIE KUTSCHE, IN DER ICH MIT MEINEN BEGLEITERN REISTE, WURDE IN EINEN FLUSS GESPÜLT.
ICH BIN MIT DEM AUTO VOR EINEN BAUM GEFAHREN.
MUFFIGER SCHUPPEN HIER, WAS? WAREN SIE SCHON MAL HIER?
NÖ. HAB DEN LADEN DURCH ZUFALL GEFUNDEN.
GENAU WIE WIR.
NA SCHÖN. GEHEN WIR ZURÜCK.
ALS WENN ICH NOCH EIN KLEINER JUNGE WÄRE. MAN SITZT AM LAGERFEUER UND ERZÄHLT GESCHICHTEN.
IRGENDWIE MÜSSEN WIR DIE ZEIT TOTSCHLAGEN, BIS DER STURM VORBEI IST.
GENTLEME
WAS ZUM HENKER WAR DAS?
ICH HEISSE BRANT TUCKER.
KLAPROTH.

IST DAS IHR VOR- ODER IHR ZUNAME?
EINFACH KLAPROTH.
... ICH GLAUBE, ICH KÖNNTE DIE NÄCHSTE GESCHICHTE ERZÄHLEN.
ABER NATÜRLICH, CLURACAN.
ABER VERSTEHT MICH RICHTIG, ICH HABE KEIN TALENT FÜR ERFINDUNG.
NATÜRLICH NICHT.
ICH FÜRCHTE, WENN ICH NOTGEDRUNGEN EIN KLEINERES EREIGNIS AUS MEINEM LEBEN ERZÄHLE, WIRD DAS ZIEMLICH ÖDE UND TROCKEN...
MIR FEHLT DIE FÄHIGKEIT ZUR AUSSCHMÜCKUNG. IHR ALLE MÜSSTET EUCH ALSO MIT EINER ZIEMLICH DÜNNEN, UNINTERESSANTEN ERZÄHLUNG ZUFRIEDENGEBEN.
SCHON IN ORDNUNG, CLURACAN. ABER WENN DU NICHT MÖCHTEST, KÖNNEN WIR SICHER JEMAND ANDEREN FINDEN...
WIE ICH SCHON SAGTE, OBWOHL ES EINE TROCKENE UND LANGWEILIGE GESCHICHTE IST, DIE SICH HAUPTSÄCHLICH MIT LOKALPOLITIK UND ORTSGESCHICHTE BESCHÄFTIGT, BIN ICH SICHER, DASS SIE HILFT, EINIGE MOMENTE DER MÜSSIGKEIT ZU VERTREIBEN, BIS DIESER STURM ABFLAUT UND WIR UNSERER UNTERSCHIEDLICHEN WEGE ZIEHEN KÖNNEN.
HABEN ALLE ETWAS ZU TRINKEN? GUT.
ALSO... MEINE ZUHÖRER MÖGEN SICH IN WEIT, WEIT ENTFERNTE LÄNDER VERSETZEN...
... IN DIE STADT AURELIA.

AURELIA IST NOCH IMMER EINE DER GRÖSSTEN STÄDTE DER EBENEN.
VOR ZWÖLFHUNDERT JAHREN HATTE SIE WIRKLICH EINFLUSS UND KLASSE. ICH ERINNERE MICH AN EINEN ORT MIT PALÄSTEN UND AUSLADENDEN BÄUMEN, VORNEHMEN HÄUSERN UND WEISSEN TEMPELN UND-- UM ZU DEMONSTRIEREN, DASS DIE STADT DEN TOTEN EBENSO SEHR GEHÖRTE WIE DEN LEBENDEN-- MIT PRUNKVOLLEN GRÄBERN.
EIN ORT MIT BREITEN STRASSEN UND HERRLICHEN SPRINGBRUNNEN, DIE DIE STADT IN DEN HEISSEN SOMMERMONATEN KÜHLTEN, MIT AUSGEDEHNTEN GRÜNEN PARKS UND FESTLICH BEMALTEN MARMORSTATUEN.
AURELIA WURDE ÜBERRAGT VOM GRAB DES CARYS CARNIFEX, DES ACHTEN, ZEITLICHEN KAISERS DER EBENEN: EIN GARGANTUESKER BAU AUF EINEM HÜGEL ÜBER DER STADT, DEN SEINE ERBEN AUSGEBAUT UND ERWEITERT HATTEN, UND DER GANZ ALLMÄHLICH DAS HAUS DES HERRSCHERS UND DER REGIERENDEN DYNASTIE GEWORDEN WAR.
DAS LIEGT SCHON EIN WEILCHEN ZURÜCK.
ABER ERST KÜRZLICH WURDE ICH INS HAUS UNSERER HERRIN BESTELLT...
CLURACAN. ICH HABE EINE AUFGABE FÜR DICH.

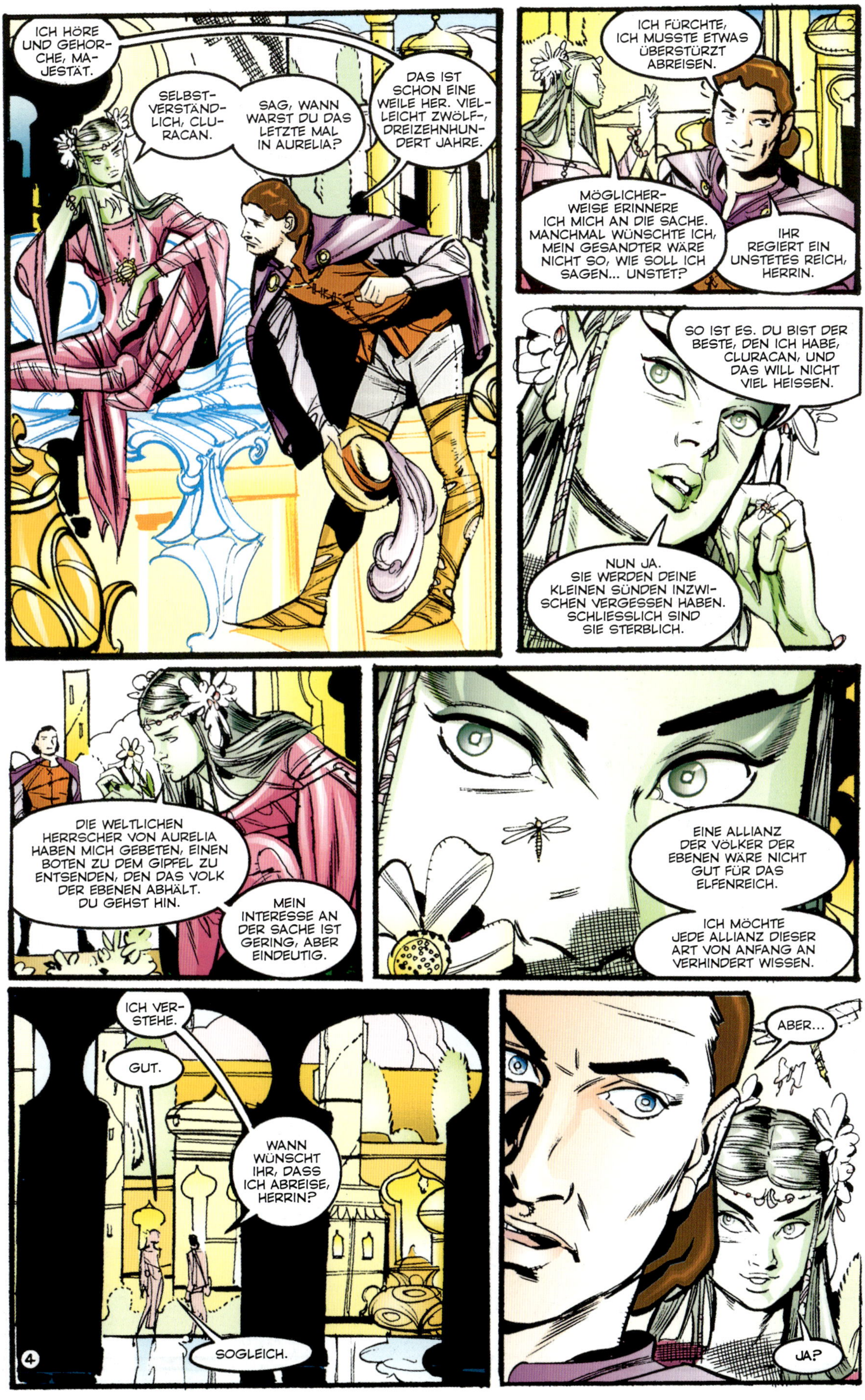
SELBST-VERSTÄNDLICH, CLURACAN.
SAG, WANN WARST DU DAS LETZTE MAL IN AURELIA?
ICH HÖRE UND GEHORCHE, MAJESTÄT.
DAS IST SCHON EINE WEILE HER. VIELLEICHT ZWÖLF-, DREIZEHNHUNDERT JAHRE.
ICH FÜRCHTE, ICH MUSSTE ETWAS ÜBERSTÜRZT ABREISEN.
MÖGLICHERWEISE ERINNERE ICH MICH AN DIE SACHE. MANCHMAL WÜNSCHTE ICH, MEIN GESANDTER WÄRE NICHT SO, WIE SOLL ICH SAGEN... UNSTET?
IHR REGIERT EIN UNSTETES REICH, HERRIN.
SO IST ES. DU BIST DER BESTE, DEN ICH HABE, CLURACAN, UND DAS WILL NICHT VIEL HEISSEN.
NUN JA. SIE WERDEN DEINE KLEINEN SÜNDEN INZWISCHEN VERGESSEN HABEN. SCHLIESSLICH SIND SIE STERBLICH.
DIE WELTLICHEN HERRSCHER VON AURELIA HABEN MICH GEBETEN, EINEN BOTEN ZU DEM GIPFEL ZU ENTSENDEN, DEN DAS VOLK DER EBENEN ABHÄLT. DU GEHST HIN.
MEIN INTERESSE AN DER SACHE IST GERING, ABER EINDEUTIG.
EINE ALLIANZ DER VÖLKER DER EBENEN WÄRE NICHT GUT FÜR DAS ELFENREICH.
ICH MÖCHTE JEDE ALLIANZ DIESER ART VON ANFANG AN VERHINDERT WISSEN.
ICH VERSTEHE.
GUT.
WANN WÜNSCHT IHR, DASS ICH ABREISE, HERRIN?
SOGLEICH.
ABER...
JA?

SEHT, MAJESTÄT, ICH HATTE VERSPROCHEN, MEINER SCHWESTER EINEN BESUCH ABZUSTATTEN.
DEINER SCHWESTER?
NUALA.
NUALA. NATÜRLICH. SICHER. NUN, SIE WIRD WARTEN MÜSSEN. ICH BRAUCHE DICH IN AURELIA.
WIE IHR WÜNSCHT, HERRIN.
WIE VIEL GEFOLGE SOLLTE ICH MITNEHMEN?
GAR KEINS. DU ARBEITEST BESSER ALLEIN.
WIE IHR WOLLT, MAJESTÄT.
DRACHEN!
NA JA. ES WAR SCHON EIN PAAR JAHRE HER, DASS ICH NUALA VERSPROCHEN HATTE, ZURÜCKZUKOMMEN UND SIE ZU BESUCHEN. JA, WIR WAREN WIRKLICH EIN UNSTETES VOLK.
ALS ICH IN MEIN HAUS ZURÜCKKEHRTE, UM ZU PACKEN, FAND ICH DREI SCHRIFTROLLEN VOR.
DIE ERSTE ERKLÄRTE MICH ZUM GESANDTEN VON KÖNIGIN MAB VON ELFENLAND. SIE HATTE SIE MIT EINEM KLEINEN ZAUBER VERSEHEN, SODASS SIE MIR NICHT GESTOHLEN WERDEN KONNTE.
DIE ZWEITE WAR EINE KARTE DER EBENEN, MIT MARKIERUNGEN DER TORE NACH ELFENLAND UND DER FERNEN REICHE.
DIE DRITTE ROLLE WAR EINE LÄNGERE ABHANDLUNG ÜBER DEN GEGENWÄRTIGEN POLITISCHEN, RELIGIÖSEN UND SOZIALEN AUFBAU AURELIAS UND DER ANDEREN STÄDTE IN DER EBENE.
ICH BESCHLOSS, SIE ZU LESEN, WENN ZEIT WÄRE...
DAMIT SCHWANG ICH MICH AUFS PFERD.

SELBST WENN ICH MICH BEEILTE UND MÖGLICHST VIELE REICHE LINKS LIEGEN LIESS, WAR ES EINE LANGE REISE.
ICH RITT DURCH DIE SÜMPFE, DIE ELFENLAND VOM DÄMMERREICH TRENNEN. DIE SCHREIE DER WASSERWEIBER ERHOBEN SICH, UND TOTE HÄNDE WANDEN SICH DURCH DEN WIDERLICHEN SCHLEIM, GRAPSCHTEN UND WINKTEN.
VOM SUMPF-TOR ZUM BERG-TOR, DURCH SCATHACH UND HINAUS IN DIE EBENEN WESTLICH DER STADT AURELIA.
DAS STADTTOR WURDE NICHT BEWACHT, UND ICH RITT UNGEHINDERT MIT EINER GRUPPE VON GEWÜRZHÄNDLERN UND EINIGEN PRIESTERN AUF DRECKBESPRITZTEN, ÜBEL RIECHENDEN ESELN HINEIN.
ABER ACH, AURELIA WAR NICHT MEHR DAS, WAS ES EINST GEWESEN WAR.
DIE STRASSEN WAREN DICK MIT SCHMUTZ BEDECKT, HIER UND DA WAR EIN HAUS AUF DIE STRASSE GESTÜRZT UND WEDER REPARIERT NOCH WEGGERÄUMT WORDEN.

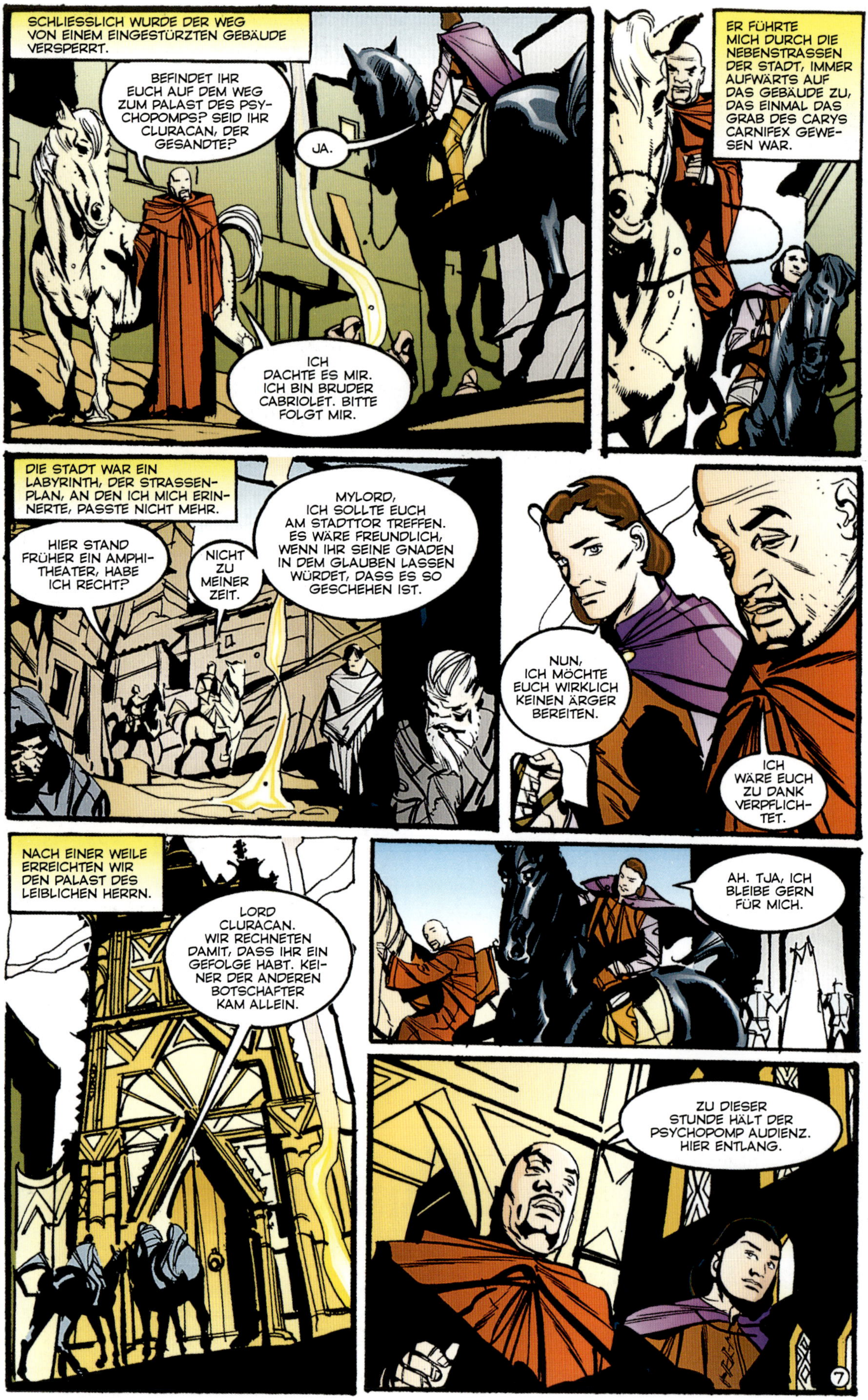

SCHLIESSLICH WURDE DER WEG VON EINEM EINGESTÜRZTEN GEBÄUDE VERSPERRT.
BEFINDET IHR EUCH AUF DEM WEG ZUM PALAST DES PSYCHOPOMPS? SEID IHR CLURACAN, DER GESANDTE?
JA.
ICH DACHTE ES MIR. ICH BIN BRUDER CABRIOLET. BITTE FOLGT MIR.
ER FÜHRTE MICH DURCH DIE NEBENSTRASSEN DER STADT, IMMER AUFWÄRTS AUF DAS GEBÄUDE ZU, DAS EINMAL DAS GRAB DES CARYS CARNIFEX GEWESEN WAR.
DIE STADT WAR EIN LABYRINTH, DER STRASSENPLAN, AN DEN ICH MICH ERINNERTE, PASSTE NICHT MEHR.
HIER STAND FRÜHER EIN AMPHITHEATER, HABE ICH RECHT?
NICHT ZU MEINER ZEIT.
MYLORD, ICH SOLLTE EUCH AM STADTTOR TREFFEN. ES WÄRE FREUNDLICH, WENN IHR SEINE GNADEN IN DEM GLAUBEN LASSEN WÜRDET, DASS ES SO GESCHEHEN IST.
NUN, ICH MÖCHTE EUCH WIRKLICH KEINEN ÄRGER BEREITEN.
ICH WÄRE EUCH ZU DANK VERPFLICHTET.
NACH EINER WEILE ERREICHTEN WIR DEN PALAST DES LEIBLICHEN HERRN.
LORD CLURACAN. WIR RECHNETEN DAMIT, DASS IHR EIN GEFOLGE HABT. KEINER DER ANDEREN BOTSCHAFTER KAM ALLEIN.
AH. TJA, ICH BLEIBE GERN FÜR MICH.
ZU DIESER STUNDE HÄLT DER PSYCHOPOMP AUDIENZ. HIER ENTLANG.

SIR-- ICH WARTE NUN SCHON SEIT MONATEN MIT MEINER PETITION...
SIR-- ICH MÖCHTE NUR EINE KURZE UNTERREDUNG, DAMIT MEINE TOCHTER WIEDER HEIRATEN KANN. BITTE ÜBERREICHT SEINER EXZELLENZ DIESES GOLD...
SIR-- ICH WÜNSCHE NUR, DEM PSYCHOPOMP DIESE HEILIGEN GEBEINE ZU ÜBERGEBEN, FÜR EINE KLEINE GEFÄLLIGKEIT...
EUER GNADEN, DAS VOLK DER EBENEN IST EIN ARMES VOLK. WEITERE STEUERN WIRD ES NICHT HINNEHMEN.
ERSTENS IST ES KEINE NEUE STEUER, SONDERN DIE EINTRITTSKARTE ZU EINEM SCHMERZFREIEN LEBEN NACH DEM TODE.
UND ZWEITENS WERDEN SIE ALLES HINNEHMEN, WAS ICH IHNEN SAGE.
BIN ICH NICHT IHR GEISTLICHER FÜHRER? BIN ICH NICHT AUSSERDEM IHR ZEITLICHER HERR?
IHR SEID ZEITLICHER HERR NUR VON AURELIA, NUR EINER STADT.
SICHER. ABER ICH BIN DER PSYCHOPOMP DER GANZEN EBENE. UND SIE WERDEN TUN, WAS ICH FÜR RICHTIG HALTE.
HERR, DARF ICH VORSTELLEN? DIES IST HERR CLURACAN, DER GESANDTE VON KÖNIGIN MAB.
AH.
UND SIR CLURACAN, ICH HABE DIE EHRE, EUCH INNOCENT XI. VORZUSTELLEN, PSYCHOPOMP DER UNIVERSALEN AURELIANISCHEN KIRCHE UND CARYS XXXV., LORD CARNIFEX VON AURELIA IN EINER PERSON.
SEHR ERFREUT, EUER GNADEN.
HABT IHR SCHON GEGESSEN, ELF?
NEIN, EUER GNADEN.
NEHMT EIN HÜHNERBEIN. WERDET IHR MORGEN IM RAT DABEI SEIN?
SICHERLICH.
SORGT FÜR KOST UND LOGIS. UND TEILT IHM EINE WACHE ZU.
WIE IHR WÜNSCHT, EUER GNADEN.
HE! CLURACAN! SOLL ICH EUCH EIN MÄDCHEN SCHICKEN?
NEIN, EUER GNADEN.
EINEN JUNGEN?
NEIN DANKE, EUER GNADEN.
WIR IHR WOLLT.

DIES IST EUER ZIMMER.
VOR DER TÜR STEHT IMMER EINE WACHE, ZU EUREM SCHUTZ UND FALLS IHR ETWAS BRAUCHEN SOLLTET.
OH, GUT. ICH BIN ERLEICHTERT. MIR SOLL NICHTS ZUSTOSSEN, HM?
GIBT ES DENN WIRKLICH ETWAS, WOVOR MAN MICH SCHÜTZEN MUSS?
ES KANN GEFÄHRLICH SEIN, OHNE BEGLEITUNG AUF DEN KORRIDOREN HERUMZULAUFEN. DIE WACHEN KÖNNTEN EUCH FÜR EINEN EINDRINGLING HALTEN UND SPUCKEN, BEVOR SIE DEN IRRTUM BEMERKEN.
ALLERDINGS.
SCHLAFT GUT, SIR CLURACAN.
Vorläufiger Bericht von Cluracan von den Elfen an seine Königin: Herrin, ich bin wohlbehalten angekommen. Euer gehorsamer Diener, Cluracan. P.S.: Wusstet Ihr, dass der neue Psychopomp auch der weltliche Herrscher von Aurelia ist?
9

ICH HABE KEINE ORDER, BESUCHER EIN-ZULASSEN.
UND, IST DER ELF DRINNEN?
NATÜR-LICH IST ER DRIN. STEH DIE GANZE ZEIT HIER.
NA GUT. ANGE-NOMMEN, ICH GÄBE DIR EINEN SILBER-TALER, UM IHN ZU SPRECHEN.
UND WENN IHR IHN UMBRINGT? DER LORD CARNIFEX WÜRDE MIR MIT EIGE-NEN HÄNDEN DIE GEDÄRME RAUS-REISSEN.
ZWEI TALER?
ICH HÖRTE STIMMEN. LIEBER HIMMEL, IHR SEID DAS. ICH FRAGTE MICH SCHON, WO IHR GEBLIEBEN SEID.
KOMMT HEREIN.
UND EUCH EINEN GUTEN ABEND, WÄCHTER.
10

UND WER SEID IHR NUN, MIT EUREN SILBERTALERN UND DEM DICKEN PELZ?
ICH BIN OTHO AUS DEN EBENEN. HABT IHR MEINEN NEFFEN MAIRON SCHON KENNENGELERNT?
MAIRON?
PSYCHOPOMP INNOCENT XI. ODER CARNIFEX CARYS XXXV. KOMMT DRAUF AN, OB ER DIE SCHLÜSSEL ZUM LEBEN NACH DEM TODE HÄLT UND EUCH ZU HIMMEL ODER HÖLLE GELEITET, ODER OB ER DIE MACHT ÜBER LEBEN UND TOD ALLER STERBLICHEN KÖRPER IN AURELIA AUSÜBT.
AH--
UND MEIN NEFFE. SOHN MEINER VERSTORBENEN SCHWESTER.
ICH DACHTE, DER CARNIFEX UND DER PSYCHOPOMP WÄREN ZWEI GANZ VERSCHIEDENE LEUTE.
DAS WAR EINMAL. VOR DEM VERTRAG.
VERTRAG?
DER DES LETZTEN PSYCHOPOMPS MIT DEM LETZTEN CARNIFEX ÜBER DAS RECHT DER NACHFOLGE.
NACHDEM MAIRON VON DER GEISTLICHEN ELITE ZUM PSYCHOPOMP ERNANNT WURDE, LEGTE ER DIESES ABKOMMEN VOR. SOLLTE DER CARNIFEX KEINEN ERBEN HABEN, WÜRDE DER REGIERENDE PSYCHOPOMP AUCH HERRSCHER DES FLEISCHES.
ES WAR GESIEGELT MIT DEN SIEGELN SEINES VORGÄNGERS, KONNTE ALSO KEINE FÄLSCHUNG SEIN.
UND DA DER EINZIGE MÄNNLICHE NACHKOMME DES CARNIFEX SOEBEN BEI EINER STRASSENSCHLÄGEREI UMGEKOMMEN WAR... WER SOLLTE PROTESTIEREN?
"UND NUN IST MAIRON DOPPELT SO MÄCHTIG. UND ER WILL MEHR.
"ER IST DER GEISTLICHE FÜHRER DER GESAMTEN EBENEN. UND ER IST CARNIFEX VON AURELIA.
"WENN ER DIE STÄDTE DER EBENEN EINIGT, HAT ER DIE ALLEINIGE MACHT."
UND WIE STEHT IHR DAZU?
ICH HÄTTE GERN EINEN PSYCHOPOMP, DER AN DIE HEILIGEN ZWILLINGE GLAUBT. ICH HÄTTE GERN EINEN PSYCHOPOMP, DEM DIE INTERESSEN AURELIAS AM HERZEN LIEGEN.
ICH WÜNSCHE DAS BESTE FÜR DIE VÖLKER DER EBENEN.
NUN GUT, GENUG VON DIESEM EITLEN GESCHWÄTZ. ICH WOLLTE LEDIGLICH EINEN BESUCHER AURELIAS WILLKOMMEN HEISSEN.
GUTE NACHT.

WIR ELFEN SIND VOLLER WILDER MAGIE.
WIR SIND KEINE WESEN AUS ZAUBERSPRÜCHEN UND BÜCHERN. WIR **SIND** DIE SPRÜCHE, UND DIE ZAUBERBÜCHER **BERICHTEN** VON UNS.
DA IST DER **ZAUBER**, ÜBER DEN WIR IN UNTERSCHIEDLICHEM MASSE VERFÜGEN: WIR KÖNNEN IN EINER MENGE STEHEN UND UNBEMERKT BLEIBEN. WIR KÖNNEN DAFÜR SORGEN, DASS MAN UNS LIEBT, BIS EINEM DAS HERZ VERGEHT. UND SO WEITER...
DAS LICHTE VOLK IST NICHT UMSONST ZAUBERHAFT.
ZUM BEISPIEL SAGEN WIR MANCHMAL WAHRES. DAS HAT NICHTS MIT ZAUBER ODER MAGIE ZU TUN, MIT HELLSICHT ODER FLUCH: MANCHMAL IST ES EINFACH WAHR.
UND SELBST WENN MAN EIN NOTORISCHER LÜGNER IST WIE ICH, DANN IST ES WAHR, AUCH FÜR MICH.
ES GIBT AUCH DUNKLERE STRÖMUNGEN UNTER DER OBERFLÄCHE, WIE DER UNGEZÄHMTE WIND, DER ÜBER DIE HEIDE BLÄST ODER DER BLITZ IN EINER KLAREN SOMMERNACHT, UND DIESE DINGE KANN MAN NICHT VORHERSAGEN.
ICH ERWÄHNE DAS, UM ZU ERKLÄREN, WAS AM NÄCHSTEN MORGEN IN DER RATSVERSAMMLUNG GESCHAH.
ICH HATTE EINEN SCHLECHTEN PLATZ UND LAUSCHTE WENIG INTERESSIERT DEN VERSCHIEDENEN PARTEIEN, GESANDTEN, HERREN UND PRIESTERN, WIE SIE DIE ZUKUNFT DER STÄDTE DER EBENEN DISKUTIERTEN.
UND ICH FÜHLTE, WIE ES IN MIR AUFSTIEG, WIE EIN NIESER ODER EIN ORGASMUS, DER JETZT ODER NIE HERAUS MUSS.
12

ICH ERINNERE MICH, DASS DER CARNIFEX EINER DER ENTLEGENEREN STÄDTE-- WELCHE GENAU, HABE ICH VERGESSEN-- ERKLÄRTE, DASS ER NICHTS UNRECHTES AN EINER ALLIANZ DER STÄDTE FINDEN KÖNNTE, ALS ICH MICH SELBST DABEI ERTAPPTE, WIE ICH AUFSPRANG.
OH NEIN. NICHT SCHON WIEDER.
SIEH AN, DER ELF.
SETZ DICH WIEDER. DU BIST NOCH NICHT DRAN.
Psychopomp und Carnifex, durch Mord und Lügen obenauf! Jetzt stehn die Toten wieder auf, sie fordern Rache und Gesetz.
Deinen Leichnam werden Hunde fressen, Ratten zerr'n dich aus der Katakomb', am Ende wird man dich vergessen, Carnifex und Psychopomp.

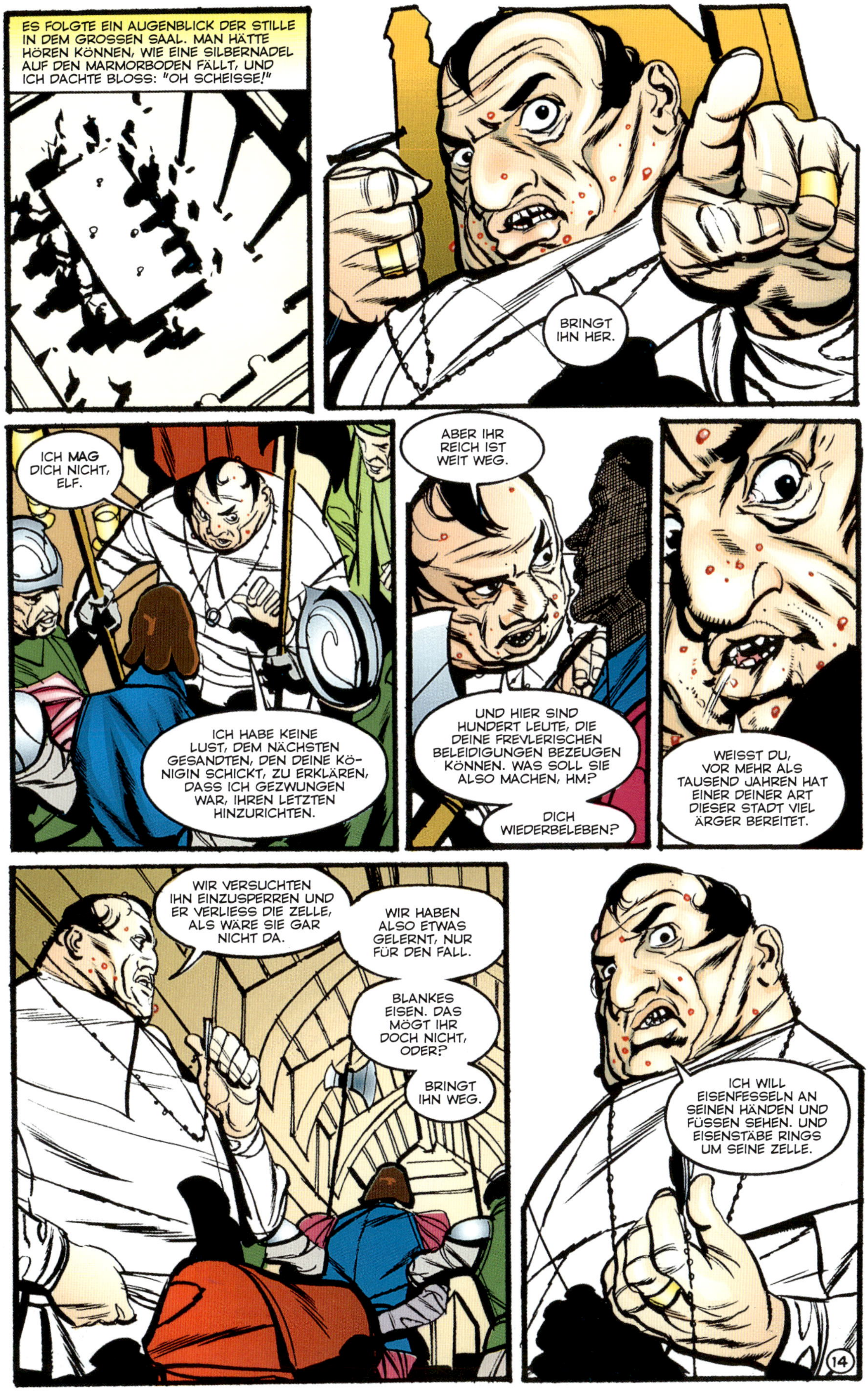
ES FOLGTE EIN AUGENBLICK DER STILLE IN DEM GROSSEN SAAL. MAN HÄTTE HÖREN KÖNNEN, WIE EINE SILBERNADEL AUF DEN MARMORBODEN FÄLLT, UND ICH DACHTE BLOSS: "OH SCHEISSE!"
BRINGT IHN HER.
ICH MAG DICH NICHT, ELF.
ICH HABE KEINE LUST, DEM NÄCHSTEN GESANDTEN, DEN DEINE KÖNIGIN SCHICKT, ZU ERKLÄREN, DASS ICH GEZWUNGEN WAR, IHREN LETZTEN HINZURICHTEN.
ABER IHR REICH IST WEIT WEG.
UND HIER SIND HUNDERT LEUTE, DIE DEINE FREVLERISCHEN BELEIDIGUNGEN BEZEUGEN KÖNNEN. WAS SOLL SIE ALSO MACHEN, HM?
DICH WIEDERBELEBEN?
WEISST DU, VOR MEHR ALS TAUSEND JAHREN HAT EINER DEINER ART DIESER STADT VIEL ÄRGER BEREITET.
WIR VERSUCHTEN IHN EINZUSPERREN UND ER VERLIESS DIE ZELLE, ALS WÄRE SIE GAR NICHT DA.
WIR HABEN ALSO ETWAS GELERNT, NUR FÜR DEN FALL.
BLANKES EISEN. DAS MÖGT IHR DOCH NICHT, ODER?
BRINGT IHN WEG.
ICH WILL EISENFESSELN AN SEINEN HÄNDEN UND FÜSSEN SEHEN. UND EISENSTÄBE RINGS UM SEINE ZELLE.
14

ICH WEISS NICHT, WAS DIESE DROHUNG BEDEUTET, ELF, ABER WENN DAS HIER VORBEI IST, WERDE ICH DIR DIE AUGEN AUSKRATZEN UND IN DIE LEEREN HÖHLEN PISSEN. ICH SCHWÖR'S DIR.
DAS WAR KEINE DROHUNG, MAIRON, SONDERN EINE WEISSAGUNG. DAS SCHWÖRE ICH...
PTUI!
KCHUNG
KCHUNG
DAS WÄR'S.
WEISST DU NOCH, WAS SEINE HEILIGKEIT ÜBER DAS AUGENAUSKRATZEN UND SO WEITER GESAGT HAT?
ABER SICHER.
ER MACHT DAS WIRKLICH. HAB ICH SELBST GESEHEN.
DANKE.

NUALA? WIE KOMMST DU HIERHER? DIE TÜR IST MIT BLANKEM EISEN BESCHLAGEN.
ICH VERSTEHE NICHT...
CLURACAN? MEIN BRUDER? ICH HATTE SO GEHOFFT, DASS DU KOMMST. ES IST EINSAM HIER. ICH MUSS DIR SO VIEL ERZÄHLEN...
ABER... ICH BIN NICHT ZU DIR GEKOMMEN. DU KAMST ZU MIR. DU TRÄUMST, BRUDER.
CLURACAN? ALLES IN ORDNUNG?
NEIN. LEIDER NICHT.
ICH GLAUBE, ICH HABE ALLES VERDORBEN.

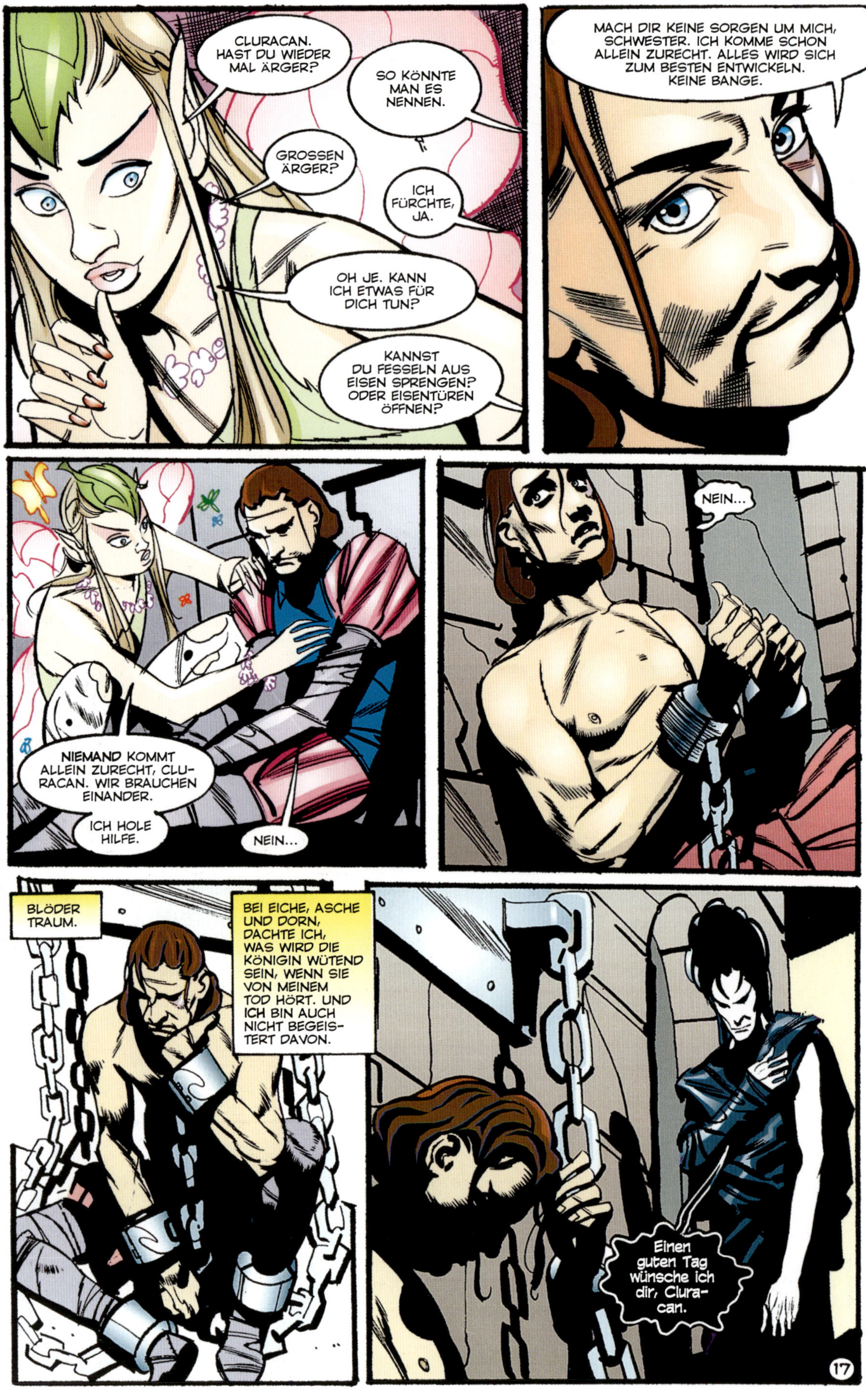
CLURACAN. HAST DU WIEDER MAL ÄRGER?
SO KÖNNTE MAN ES NENNEN.
GROSSEN ÄRGER?
ICH FÜRCHTE, JA.
OH JE. KANN ICH ETWAS FÜR DICH TUN?
KANNST DU FESSELN AUS EISEN SPRENGEN? ODER EISENTÜREN ÖFFNEN?
MACH DIR KEINE SORGEN UM MICH, SCHWESTER. ICH KOMME SCHON ALLEIN ZURECHT. ALLES WIRD SICH ZUM BESTEN ENTWICKELN. KEINE BANGE.
NIEMAND KOMMT ALLEIN ZURECHT, CLURACAN. WIR BRAUCHEN EINANDER.
ICH HOLE HILFE.
NEIN...
NEIN...
BLÖDER TRAUM.
BEI EICHE, ASCHE UND DORN, DACHTE ICH, WAS WIRD DIE KÖNIGIN WÜTEND SEIN, WENN SIE VON MEINEM TOD HÖRT. UND ICH BIN AUCH NICHT BEGEISTERT DAVON.
Einen guten Tag wünsche ich dir, Cluracan.

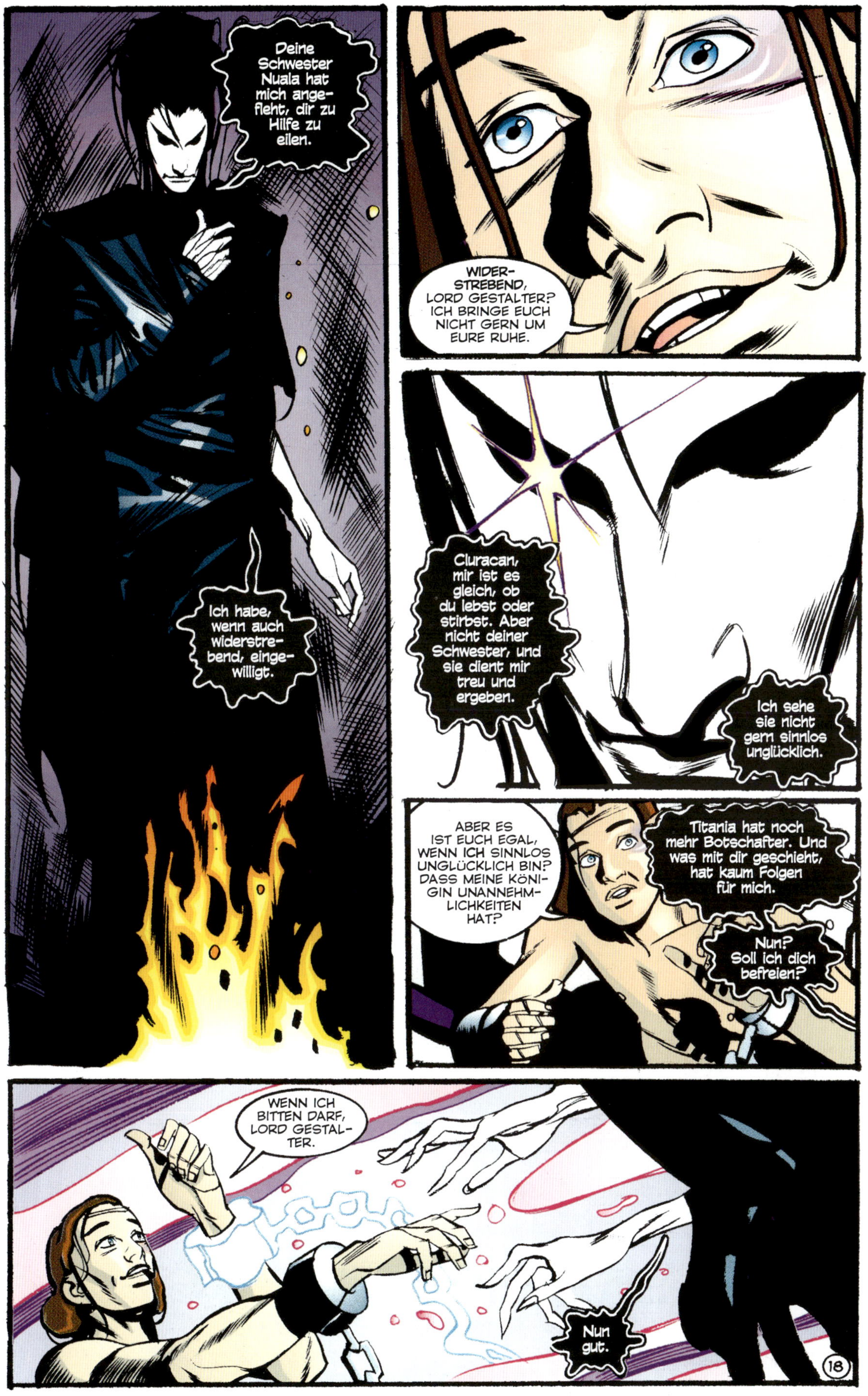
Deine Schwester Nuala hat mich angefleht, dir zu Hilfe zu eilen.
Ich habe, wenn auch widerstrebend, eingewilligt.
WIDERSTREBEND, LORD GESTALTER? ICH BRINGE EUCH NICHT GERN UM EURE RUHE.
Cluracan, mir ist es gleich, ob du lebst oder stirbst. Aber nicht deiner Schwester, und sie dient mir treu und ergeben.
Ich sehe sie nicht gern sinnlos unglücklich.
ABER ES IST EUCH EGAL, WENN ICH SINNLOS UNGLÜCKLICH BIN? DASS MEINE KÖNIGIN UNANNEHMLICHKEITEN HAT?
Titania hat noch mehr Botschafter. Und was mit dir geschieht, hat kaum Folgen für mich.
Nun? Soll ich dich befreien?
WENN ICH BITTEN DARF, LORD GESTALTER.
Nun gut.

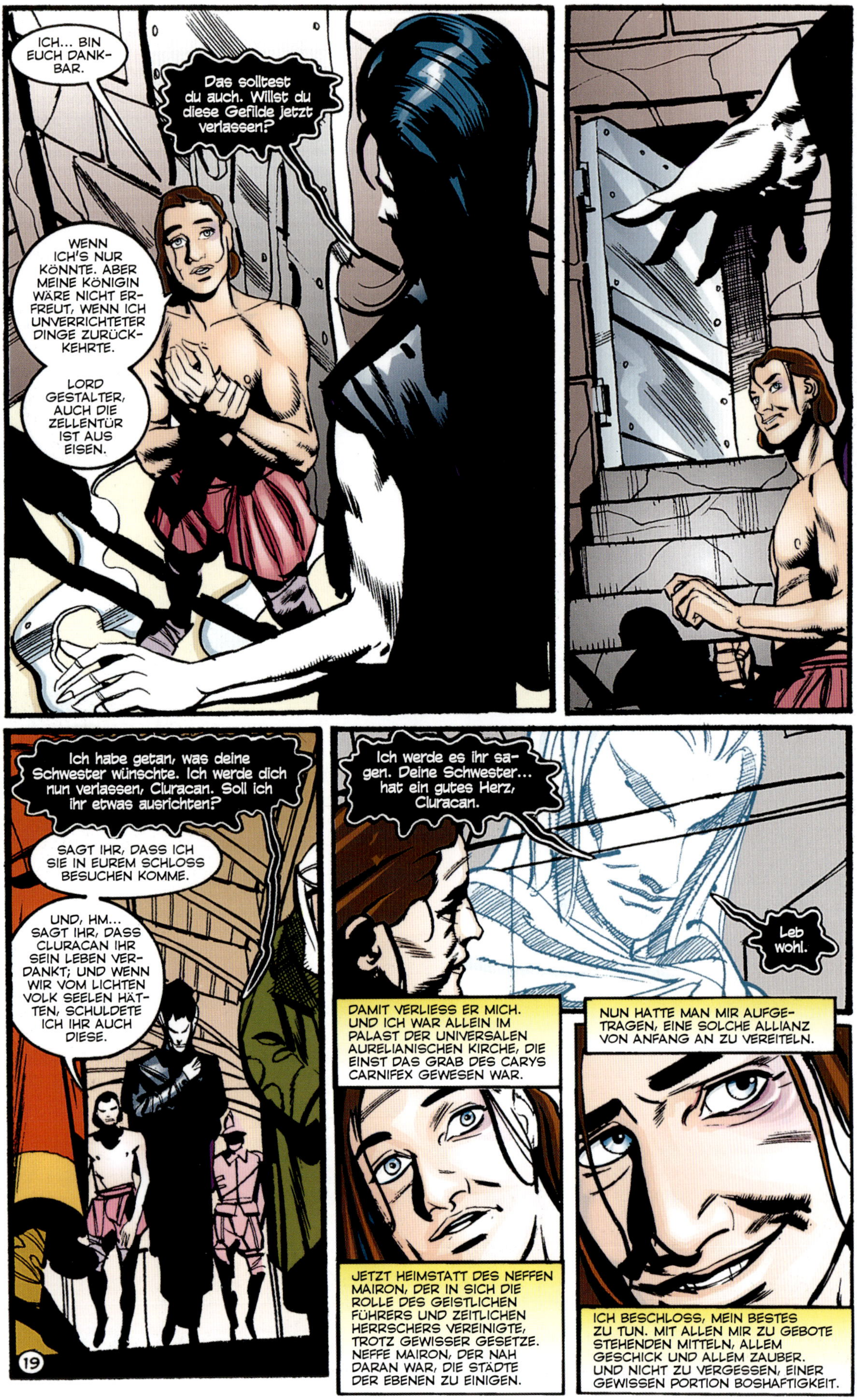
ICH... BIN EUCH DANKBAR.
Das solltest du auch. Willst du diese Gefilde jetzt verlassen?
WENN ICH'S NUR KÖNNTE. ABER MEINE KÖNIGIN WÄRE NICHT ERFREUT, WENN ICH UNVERRICHTETER DINGE ZURÜCKKEHRTE.
LORD GESTALTER, AUCH DIE ZELLENTÜR IST AUS EISEN.
Ich habe getan, was deine Schwester wünschte. Ich werde dich nun verlassen, Cluracan. Soll ich ihr etwas ausrichten?
SAGT IHR, DASS ICH SIE IN EUREM SCHLOSS BESUCHEN KOMME.
UND, HM... SAGT IHR, DASS CLURACAN IHR SEIN LEBEN VERDANKT; UND WENN WIR VOM LICHTEN VOLK SEELEN HÄTTEN, SCHULDETE ICH IHR AUCH DIESE.
Ich werde es ihr sagen. Deine Schwester... hat ein gutes Herz, Cluracan.
Leb wohl.
DAMIT VERLIESS ER MICH. UND ICH WAR ALLEIN IM PALAST DER UNIVERSALEN AURELIANISCHEN KIRCHE, DIE EINST DAS GRAB DES CARYS CARNIFEX GEWESEN WAR.
JETZT HEIMSTATT DES NEFFEN MAIRON, DER IN SICH DIE ROLLE DES GEISTLICHEN FÜHRERS UND ZEITLICHEN HERRSCHERS VEREINIGTE, TROTZ GEWISSER GESETZE. NEFFE MAIRON, DER NAH DARAN WAR, DIE STÄDTE DER EBENEN ZU EINIGEN.
NUN HATTE MAN MIR AUFGETRAGEN, EINE SOLCHE ALLIANZ VON ANFANG AN ZU VEREITELN.
ICH BESCHLOSS, MEIN BESTES ZU TUN. MIT ALLEN MIR ZU GEBOTE STEHENDEN MITTELN, ALLEM GESCHICK UND ALLEM ZAUBER. UND NICHT ZU VERGESSEN, EINER GEWISSEN PORTION BOSHAFTIGKEIT.
19

SO KAM ES, DASS, NOCH EHE DIE SONNE UNTERGING, EIN ÄLTERER PRIESTER, VIELLEICHT EIN WENIG BETRUNKEN, BEREIT WAR ZU SCHWÖREN, DASS DER PSYCHOPOMP SICH VOR DER STATUE DER HEILIGEN ZWILLINGE AN EINER JUNGFRAU VERGANGEN HATTE.
AUSSERDEM, DASS DER PSYCHOPOMP GESAGT HABE, DIE VERWAHRUNG DES HEILIGEN SAKRAMENTS BEDEUTE IHM SO VIEL, WIE SICH DEN HINTERN ZU WISCHEN, UND NATÜRLICH HABE ER BEIDES ZUR GLEICHEN ZEIT AUSGEÜBT.
WENIG SPÄTER PRAHLTE EIN JUNGER EDELMANN-- AUCH ER HATTE ZU TIEF INS GLAS GESCHAUT-- VIELLEICHT EIN WENIG ZU LAUT VOR DEN HUREN DER STADT, DASS DER PSYCHOPOMP IHN FÜR DIE ERMORDUNG DES CARNIFEX-ERBEN IN EINER INSZENIERTEN SCHLÄGEREI GEDUNGEN HÄTTE.
EIN FREMDER SOLDAT VERTRAUTE EINEM WIRT AN, DASS DER CARNIFEX MIT DEN VÖLKERN DER EBENE DIE VEREINBARUNG GETROFFEN HABE, DIE FREIEN BÜRGER VON AURELIA IN DIE SKLAVEREI ZU VERKAUFEN, UM DIE SCHULDEN DER KIRCHENKASSE ABZUDECKEN.
DER WIRT ZÖGERTE NICHT, SEINEN KUNDEN VON DIESEN NEUIGKEITEN ZU BERICHTEN.
AM ABSCHEULICHSTEN VON ALLEM WAR, DASS EIN MANN, DESSEN EIGENE MUTTER GESCHWOREN HÄTTE, ER SEI DER ERZVIKAR VON WEST-AURELIA, AUF KNIEN DURCH EINE ÖFFENTLICHE STRASSE KROCH UND IM NAMEN DER ZWILLINGE LAUTHALS VERKÜNDETE, DER VERTRAG, DER CARNIFEX UND PSYCHOPOMP ZU EIN UND DEMSELBEN MACHTE, WÄRE EINE GROBE FÄLSCHUNG.
ERSTAUNLICH, WAS MAN AN EINEM ABEND VOLLBRINGEN KANN, WENN MAN SICH ETWAS MÜHE GIBT UND FLOTT VORANKOMMT.

WAS GEHT DA VOR? IM NAMEN ALLER HEILIGEN, SAGT MIR, WAS LOS IST!
AH... EUER GNA-DEN, ES SIEHT AUS, ALS WÄRE DIE STADT IN AUFRUHR.
DAS WEISS ICH, CABRIOLET. ICH BIN NICHT DUMM. ABER WARUM? WIE?
SIE SAGEN, DASS EUER VOR-GÄNGER, CARYS XXXIV., DER MENGE ERSCHIEN UND VERKÜNDETE, IHR HÄTTET IHN VERGIFTET--
LÜGE!
UND DASS DER VERTRAG EINE FÄLSCHUNG WAR, UND DASS--
GENUG!
DIESE ZITADELLE HAT SCHLIMMERES ÜBERSTANDEN IN ALL DEN JAHR-HUNDERTEN!
WO STECKT DIE PALAST-WACHE?
EUER GNADEN, ES WURDE NACH DER PALASTWA-CHE GESCHICKT. ABER ... HM, ES SCHEINT...
WARUM NUR JETZT, WO DER PALAST VOLLER BOTSCHAFTER UND GE-SANDTER IST? SIE WERDEN DENKEN, ICH HÄTTE DIE KONTROLLE VERLOREN.
ABER ICH HABE ALLES UNTER KONT-ROLLE!
SELBST-VERSTÄND-LICH, EUER GNADEN.
ICH... VERFLUCHE IHRE AUGEN... ZUR HÖLLE..
NA SCHÖN. DIESE DUMMHEITEN WERDEN BIS ZUM MORGEN VERFLOGEN SEIN. IN DER ZWISCHENZEIT WERDEN WIR UNS AN EINEN SICHEREN ORT ZURÜCKZIEHEN.
HIER UNTEN.
DIES IST JETZT DER HEILIGE PALAST DES PSYCHOPOMP, ABER AUCH DAS GRAB EINES JEDEN CARNIFEX SEIT DEM ERSTEN CARYS, DEM ACHTEN KAISER. JEDER CARNIFEX WURDE HIER EINBALSAMIERT UND BESTATTET, GEKRÖNT UND INTHRONISIERT.
UND NUR ICH HABE DEN SCHLÜSSEL.
DIESER RAUM IST UNEINNEHMBAR. HIER KÖNNEN WIR DEN STURM AB-WARTEN.

DA WÄREN WIR. FÜR DIE NACHT SIND WIR IN SICHERHEIT.
ERKENNT IHR IHN? MEIN VORGÄNGER. HÄSSLICHER ALTER KNABE, WAS?
SIEHST BEMERKENSWERT GUT ERHALTEN AUS, CARYS. DU WEISST, DASS ICH DICH NICHT VERGIFTET HABE. DASS DAS EINE LÜGE IST.
WARUM DENN JEMANDEN MIT KREBS IM ENDSTADIUM VERGIFTEN? REINE VERSCHWENDUNG VON GUTEM GIFT...
HABT IHR KEINE ANGST, EUER GNADEN?
ANGST? KEIN BISSCHEN.
ICH KENNE DAS VOLK VON AURELIA. DUMMER, KONFUSER PÖBEL. IHM FEHLT DER WILLE ZUR REBELLION. WENN DIE SONNE AUFGEHT, WERDEN SIE VERSCHÄMT IN IHRE LÖCHER ZURÜCKKRIECHEN.
ICH WERDE DEN AUFSTAND HIER ABWARTEN. UND DANN WERDE ICH MIT DER PALASTWACHE AN MEINER SEITE DURCH DIE STADT GEHEN. IN MEINER EIGENSCHAFT ALS CARNIFEX VON AURELIA WERDE ICH ÜBER JEDEN ZEHNTEN DAS TODESURTEIL VERHÄNGEN, UND ALS GEISTLICHER VORSTEHER UND KIRCHENFÜHRER WERDE ICH IHRE SEELEN ZU EWIGER NACHT UND FINSTERNIS VERDAMMEN...
ICH WERDE HERAUSFINDEN, WER FÜR DIESEN AUFRUHR VERANTWORTLICH IST. ICH WERDE...
IHNEN DIE AUGEN AUSKRATZEN UND IN DIE LEEREN HÖHLEN PISSEN?
... JA.

EUER GNADEN, ICH WEISS, WER DEN UNFUG HEUTE ABEND ANGE-ZETTELT HAT.
WER? SAG MIR DEN NAMEN...
CLURACAN VON DEN ELFEN.
ICH.
HAT MAN EUCH NICHT GEWARNT, DEM LICHTEN VOLK NICHT IN DIE QUERE ZU KOMMEN?
ICH SAGTE EUCH GESTERN DIE WAHRHEIT, NEFFE MAIRON. EURE ZEIT IST UM.
DU, DU...
ICH TÖTE DICH.
DU HAST SCHANDE ÜBER DIE STADT GE-BRACHT.
IST-- IST DAS EIN NEUER TRICK, ELF?
NEIN... NICHT VON MIR JEDEN-FALLS.
DU HAST MEINEN SOHN ERMORDET UND MEINEN THRON GESTOHLEN.
LASS MICH LOS. GEH WEG...
NEIN!

"JETZT STEHN DIE TOTEN WIEDER AUF, SIE FORDERN RACHE UND GESETZ."
SIEHT GANZ SO AUS...
AUF DEM WEG NACH UNTEN HATTE ICH EIN ANREGENDES KLEINES GEFECHT MIT DER PALASTWACHE.
ICH BAHNTE MIR EINEN WEG ZU DEN STÄLLEN, SATTELTE MEIN REITTIER, UND RITT FORT, DEN HÜGEL HINUNTER, ZUFRIEDEN DAMIT, DASS DIE MÖGLICHKEIT EINER ALLIANZ DER STÄDTE IN DER EBENE MEHR ODER WENIGER ENDGÜLTIG VOM TISCH WAR.
AM FUSSE DES HÜGELS SAH ICH DEN NEFFEN MAIRON. DIE HUNDE DER STADT HATTEN SCHON EINEN GUTEN TEIL SEINES GESICHTES WEGGEFRESSEN, UND BALD WÜRDEN DIE RATTEN SICH SEIN SKELETT HOLEN.
DER TOTE CARNIFEX WAR NIRGENDS ZU SEHEN.

UND AUF DEM WEG NACH HAUSE ZOG DIESER VERFLUCHTE STURM AUF UND MACHTE DEN WEG ZWISCHEN DEN WELTEN UNPASSIERBAR.
SO KAM ICH HIERHER, INS WORLDS' END, UM ABZUWARTEN UND DERWEIL MEHR ALS NUR ETWAS BETRUNKEN ZU WERDEN.
DAS WAR MEINE GESCHICHTE.
WAR DAS DIE WAHRHEIT, CLURACAN?
ALLES, NUR DAS GEFECHT MIT DER PALASTWACHE HABE ICH AUS GRÜNDEN DER WAHRSCHEINLICHKEIT, DER SPANNUNG UND DES LOKALKOLORITS IN EINE ANSONSTEN FADE UND DÜRFTIGE ERZÄHLUNG EINGESTREUT.
UND, OH, ICH GLAUBE, ICH HABE NOCH EIN PAAR ANDERE DETAILS UND ZWISCHENFÄLLE DAZU ERFUNDEN ODER WEGGELASSEN, WO ES NÖTIG WAR, UM DEN ERZÄHLFLUSS ZU WAHREN.
ALSO, ICH GLAUBE KEIN WORT DAVON.
WIE WURDE DENN DIESER TOTE, DIESER CARNIFEX, WIEDER LEBENDIG?
WIE SOLL ICH DAS WISSEN? ICH HAB'S ERLEBT, NICHT AUSGEDACHT.
UND DEINE KÖNIGIN, WAR SIE ZUFRIEDEN MIT DEM ERGEBNIS?
IHRE LAUNEN SIND NICHT MEINE SACHE...
UND WIRST DU NUN DEINE SCHWESTER BESUCHEN?
ES REICHT! ICH WILL KEINE FRAGEN MEHR HÖREN. ICH HABE EUCH UNTERHALTEN, DIE ZEIT VERTRIEBEN. WENN WEITERE GESCHICHTEN GEWÜNSCHT WERDEN, MÜSSEN ANDERE SIE ERZÄHLEN.
UND ICH WERDE EINFACH NUR TRINKEN UND ZUHÖREN.
SO.
WER IST DER NÄCHSTE?

NENNT MICH JIM.
ICH WERDE EINE GESCHICHTE ERZÄHLEN.
ES IST AUCH EINE WAHRE GESCHICHTE, SELBST WENN IHR'S NICHT GLAUBT. MANCHMAL GLAUBE ICH SIE SELBST NICHT, OBWOHL ICH DABEI WAR UND ALLES GESEHEN HABE.
ABER BEVOR ICH ANFANGE, HÄTTE ICH NOCH EINE FRAGE. VIELLEICHT KANN JEMAND HIER SIE BEANTWORTEN.
WO SIND WIR?
DU BIST IM WORLDS' END. DEM GASTHAUS AM ENDE DER WELTEN.
ABER WO IST DIESER ORT... IN WELCHEM LAND?
WORLDS' END IST EIN ORT FÜR SICH, JIM.
"ALSO, DA KAM DIESER STURM AUS DEM NICHTS, UM MITTERNACHT – WIR WURDEN AUF FELSEN GEWORFEN, WO KEINE FELSEN SEIN SOLLTEN.
"EINIGE VON UNS SCHAFFTEN ES, INS BEIBOOT ZU KLETTERN, UND WIR RUDERTEN AN LAND, ABER WELCHES LAND, KONNTE KEINER SAGEN.
"DER STURM BLIES AUCH DORT WEITER, ABER WIR SAHEN DIE LICHTER DES GASTHAUSES UND KAMEN HER."

Hobs Leviathan

1899 IN SYDNEY, AUSTRALIEN, GEBOREN, ALS EINZIGES KIND EINES SCHIFFSKAPITÄNS UND EINER ENGLISCHEN WITWE, DIE EINE KLEINE PENSION BETRIEB.
SIE SPRACH NICHT ÜBER MEINEN VATER.
UND IHR HABE ICH ES WOHL ZU VERDANKEN, DASS ICH NICHT ABGETRIEBEN ODER WEGGEGEBEN WURDE, DENN SIE TROTZTE DEM SKANDAL UND DEN DEMÜTIGUNGEN, DIE DIE ANKUNFT IHRES KINDES VERURSACHTEN.
VON MEINER MUTTER ERBTE ICH, GLAUBE ICH, DEN EIGENSINN. VON MEINEM VATER DIE WANDERLUST UND DIE LIEBE ZUM MEER.
SO KAM ES, DASS ICH AN MEINEM DREIZEHNTEN GEBURTSTAG AUS DEM FENSTER MEINES SCHLAFZIMMERS KLETTERTE…
UND IN ALTEN KLEIDERN, DIE ICH VON FREUNDEN ERBETTELT ODER GEBORGT HATTE, ZU DEN DOCKS HINUNTERLIEF, MICH ALS WAISE AUSGAB UND AUF DER **SPIRIT OF WHITBY**, KURS SINGAPUR ANHEUERTE.
ICH RAUCHTE UND ICH TRANK NICHT. DAS HEISST, ALS WIR SINGAPUR ERREICHTEN, HATTE ICH EIN BISSCHEN GELD VERDIENT.
VIEL ZU VIELE MATROSEN HABEN AM ENDE DER REISE SCHULDEN BEIM KAPITÄN, VERSTEHT IHR.

DAS NÄCHSTE SCHIFF, AUF DEM ICH ANHEUERTE, WAR DIE **PYRAMUS**, EIN SCHWARZES SCHIFF MIT EINEM SCHLECHTEN KAPITÄN. ICH MUSS ZUGEBEN, EINES NACHTS SCHLICH ICH MICH VON BORD.
KURZ DARAUF GAB ES EINE MEUTEREI, HÖRTE ICH, UND DAS SCHIFF SANK MIT MANN UND MAUS.
ICH HEUERTE AUF DER **SEA WITCH** AN, DIE TEE UND BAUMWOLLE VON BOMBAY NACH LIVERPOOL BRACHTE.
EIN WUNDERBARES SCHIFF. EINE BARKENTINE.
DER KAPITÄN HIESS HERBERT BURGRAVE.
ER WAR SCHON ALT. MUSSTE ÜBER FÜNFZIG SEIN.
WIR WAREN GEZWUNGEN, EINE WOCHE IN BOMBAY ZU WARTEN, AUS WELCHEM GRUND, WUSSTE ICH NICHT, UND ER WAR SCHLECHTER LAUNE.
SCHLIESSLICH KAM EINES NACHTS EIN GENTLEMAN AN BORD UND FRAGTE NACH DEM KAPITÄN.
ER WAR ENGLÄNDER, SEIN BART SAUBER GESCHNITTEN, AUGEN UND STIMME FREUNDLICH, UND ICH FÜHRTE IHN ZUR KAPITÄNSKAJÜTE.

ICH HÖRTE LAUTE STIMMEN. NACH EINIGER ZEIT RIEF DER KAPITÄN MICH HEREIN.
DAS IST MR. GADLING. ER WIRD AUF DIESER REISE UNSER PASSAGIER SEIN. FÄHRT ZURÜCK NACH ENGLAND.
MR. GADLING, DAS IST JIM. ER ARBEITET GUT UND WIRD UNTERWEGS IHR STEWARD SEIN, SOFERN ER NICHT ANDERWEITIG GEBRAUCHT WIRD.
FREUT MICH, JIM.
ICH MOCHTE DEN MANN.
UND, MR. GADLING, ICH MAG PASSAGIERE NICHT. MÄULER STOPFEN, DIE IHR FUTTER NICHT WERT SIND. DAS HIER IST DIE SEA WITCH, NICHT DAS SAVOY HOTEL. WENN SIE VERSTEHEN, WAS ICH MEINE.
VERSTEHE ICH.
JIM, BRING MR. GADLING IN SEINE KABINE. BEI SONNENAUFGANG SETZEN WIR SEGEL.
DER KAPITÄN MACHTE SICH NICHTS AUS PASSAGIEREN. ABER MR. GADLING ZAHLTE DIE PASSAGE, UND ICH HATTE DEN EINDRUCK, DASS ES EGAL WAR, OB DER KAPITÄN ES MOCHTE ODER NICHT, ER KONNTE NICHTS DARAN ÄNDERN.
DER MORGEN DÄMMERTE GERADE UND EINE KÜHLE BRISE STIEG VOM WASSER AUF, ALS WIR DIE TAUE EINHOLTEN, UM SEGEL ZU SETZEN.
DENKT DRAN, DANN WERDET IHR ES SPÜREN: DAS KNARREN DER TAKELAGE, DANN DER MAGISCHE MOMENT, WENN DIE SEGEL MAJESTÄTISCH AUFSTEIGEN, SICH STRAFFEN UND MIT WIND FÜLLEN...
ICH STAND SCHWITZEND DA MIT DEM TAU IN DEN HÄNDEN, DIE SONNE STIEG ÜBER DEN HORIZONT, DIE MÖWEN SCHRIEN, UND DIE GRAUE SEE VERWANDELTE SICH IN EINEN SAPHIR: ICH WUSSTE, ES WÜRDE EINE GUTE REISE.

STUNDEN SPÄTER WAR DAS LAND AUSSER SICHT.
DAS LEBEN AN BORD EINES GROSSEN SCHIFFES IST MERKWÜRDIG. DIE SEA WITCH WAR EINE KLEINE WELT FÜR SICH.
Sea Witch
DIE MATROSEN KAMEN AUS ALLER HERREN LÄNDER, SO SCHIEN ES JEDENFALLS.
DA WAR DER DEUTSCHE AUS HAMBURG, EIN SCHWEIGSAMER BURSCHE, DER UNS, WENN ER VOLL WAR, IMMER ERZÄHLTE, DASS DER KAISER UNS BALD ZURECHTSTUTZEN WÜRDE.
DANN DER LANGE NORWEGER UND DER EBENSO LANGE SCHWEDE, DIE SICH INNIG HASSTEN. SIE WAREN SCHON FRÜHER ZUSAMMEN GEFAHREN, UND ES GAB EINEN ALTEN STREIT, VON DEM ICH NICHT DIE BOHNE VERSTAND.
NANCY
NANCY
UNTER DEN MATROSEN WAREN AUCH EIN PAAR SCHWARZE-- ZWEI AFRIKANER, DIE WIE BRÜDER ANEINANDER HINGEN. DIE ANDEREN WAREN AUS WESTINDIEN UND AMERIKA.
EINER VON IHNEN NAMENS NATHANIEL DAWNING WAR DER BESTE SEEMANN AUF DEM SCHIFF. ER WAR ZWEITER MAAT, UND ALLGEMEIN GLAUBTE MAN AUF DER SEA WITCH, DASS ER ES ZUM KAPITÄN GEBRACHT HÄTTE, WÄRE ER NUR WEISS GEWESEN.
ES GAB EINEN IRISCHEN KOCH-- UND ER WAR GUT, EINE SELTENHEIT AUF SEE-- DER NACHTS IN SEINER HÄNGEMATTE GEDICHTE LAS...
YEATS
UND EINEN SCHOTTISCHEN MASCHINISTEN, DER SICH UM DIE BILGENPUMPE KÜMMERTE.
ER HIESS CAMPBELL, ABER DER KÄPT'N NANNTE IHN ESELTREIBER, WEIL IN FRÜHEREN TAGEN EIN ESEL IN DER TRETMÜHLE IM LADERAUM LIEF UND STATT DER MASCHINE DIE PUMPEN ANTRIEB.
ERSTER MAAT WAR EIN KALIFORNIER NAMENS CANBY. ER HATTE EINEN NARREN AN MIR GEFRESSEN UND SAGTE IMMER WIEDER:
ICH WEISS NICHT, WAS DU HIER WILLST, JUNGE. SCHIFFE WIE DAS HIER KOMMEN NICHT WEIT. IN ZEHN JAHREN STEHEN SIE IM MUSEUM.
ES PASST NICHT IN EIN MUSEUM.
JAU. WITZIG.

DAMPFSCHIFFE SIND DIE ZUKUNFT. WER WILL SICH SCHON AUF DEN WIND VERLASSEN?
ICH. ICH WAR AUF 'NEM DAMPFER UND KONNT'S NICHT AUSSTEHEN.
DIE MEISTEN SIND ROSTBEULEN, MR. CANBY. UND DAZU DER QUALM.
UND WARUM SOLLTE MAN ÜBERHAUPT MATROSE WERDEN, WENN MAN HOCH OBEN ÜBER DEM MEER LEBEN MUSS, ANSTATT GEMÜTLICH KÜHL UNTER DECK, WO MAN DAS MEER VORRÜBERRAUSCHEN HÖRT?
DU BIST ROMANTISCH.
WENN NICHT, WARUM DANN ZUR SEE FAHREN?
DAS WAR FÜNF TAGEREISEN VON BOMBAY.
MISTER CANBY!
JA, DAWNY?
KOMMT HER! SCHWINGT DIE HUFE!
KLAR. KOMM DU MAL MIT, JUNGE.
ES SIND LEBENSMITTEL VERSCHWUNDEN, JIM, UND ICH UND MISTER CANBY--
STILL!
DER LADERAUM WAR VOLLGESTAPELT MIT BAUMWOLLBALLEN UND TEEKISTEN.
HIER HINTEN! HAB IHN!
NA DANN, BURSCHE! WAS SOLL DENN DAS, HM?
E-ENTSCHULDIGUNG, SIR. ICH WÜRDE ES ZU SCHÄTZEN WISSEN, WENN SIE MICH NICHT SCHLÜGEN.
ICH WERDE SIE NICHT SCHLAGEN. ICH BRINGE SIE HOCH ZUM KÄPT'N. DER DARF SIE SCHLAGEN.
OH GOTT.
7

DER INDISCHE GENTLEMAN WAR EIN KOMISCHER KERL. ER WAR SEHR KLEIN, HATTE FEINE ZÜGE UND EIN WEICHES GESICHT MIT EIGENTÜMLICH MANDELFARBENEN AUGEN.
EIN BLINDER PASSAGIER?
WEISST DU, MOGLI, ICH HALTE NICHTS VON FREUNDLICHKEIT GEGENÜBER BLINDEN PASSAGIEREN AUF MEINEM SCHIFF.
GESCHÄTZTER HERR, NOTGEDRUNGEN MUSS ICH MICH REICHLICH DAFÜR ENTSCHULDIGEN, MICH AUF IHREM SCHIFF VERBORGEN ZU HABEN, DOCH HÄTTE ICH ES NICHT GETAN, HÄTTE ICH MICH NICHT IN EINER VÖLLIG UNHALTBAREN POSITION BEFUNDEN.
SIE VERSTEHEN, ICH **MUSS** NACH LIVERPOOL.
ABER NICHT AUF DER SEA WITCH, DU HALBWILDER.
WIR LEGEN SIE IN KETTEN IM LAZARETT. UND DA ICH NICHT GRAUSAM BIN, KRIEGEN SIE SCHIFFSZWIEBACK UND WASSER.
UND IN ADEN SCHMEISS ICH SIE RAUS.
UND SCHÄTZEN SIE SICH GLÜCKLICH, DASS ICH SIE NICHT ÜBER BORD GEWORFEN HABE.
KAPITÄN BURGRAVE? KÖNNTE ICH SIE KURZ SPRECHEN?
WAS? OH. **SIE** SIND DAS. HALTEN SIE DEN MUND, GADLING.
ICH FÜRCHTE, DARÜBER MÜSSEN WIR SPRECHEN, KÄPT'N.
JETZT!
IHR GEHT ALLE RAUS. DAWNING, GIB JA AUF DEN KLEINEN RATTENARSCH ACHT.

IST ES NICHT EIN WUNDERBARER TAG, GENTLEMAN: DIESES HERRLICH BLAUE MEER, DIESE SANFTE BRISE.
MACHT ES SIE NICHT AUSSERORDENTLICH GLÜCKLICH, AM LEBEN ZU SEIN?
HALT DIE KLAPPE.
DIES IST EIN TAG DER WUNDER: IMMERHIN HABE ICH TAGE IN DEM STINKENDEN LADERAUM VERBRACHT UND KAM NUR NACHTS HERVOR.
IST DAS NICHT WUNDERVOLL, JUNGE?
SPRICH NICHT MIT IHM, JIM.
JIM. EIN EXZELLENTER NAME. DIE KURZFORM FÜR JAMES, WENN ICH NICHT IRRE.
SO. DAMIT WÄRE WOHL ALLES GEKLÄRT. SIE KÖNNEN IHN GEHEN LASSEN, GENTLEMEN.
KAPITÄN?
LASST IHN FREI, LEUTE. ER IST JETZT UNSER PASSAGIER. MR. GADLING BEZAHLT SEINE REISE NACH LIVERPOOL.
JIM? DU BRINGST MR. MOGLI ZUM ZAHLMEISTER UND SAGST MR. STEWART, DASS ER BEI DEN MÄNNERN SCHLÄFT.
UND SAG SEINER EMINENZ, DASS ER GLÜCK GEHABT HAT.
STIMMT. SIE **HABEN** GLÜCK.
AUF MEINEM LETZTEN SCHIFF WAR AUCH EIN BLINDER PASSAGIER. DER KÄPT'N SCHLUG IHM EINEN EISERNEN BELEGNAGEL AUF DEN KOPF, UND AB INS MEER.
DANN WAR ES GUT, DASS ICH MIR DIE SEA WITCH AUSGESUCHT HABE.
DIE NÄCHSTEN WOCHEN WAREN... NA JA, PERFEKT, DENKE ICH.
DER PASSAT WEHTE STETIG. WIR MACHTEN MEHR GESCHWINDIGKEIT, ALS UNS ZUSTAND UND FANDEN SOGAR ZEIT HERUMZUTRÖDELN.
DIE SONNE SCHIEN, UND DIE HÜHNER LEGTEN EIER, DER KOCH GAB MIR EIN BUCH MIT DEM TITEL **SALZWASSERBALLADEN**, UND DIE, DIE MIR AM MEISTEN GEFIELEN, LERNTE ICH SOGAR AUSWENDIG.

... ACH, WIR WISSEN NICHT VIEL ÜBER DAS MEER. ICH BIN SEIT... ACH... EINER EWIGKEIT IM SCHIFFSGESCHÄFT. UND ICH WEISS NICHT EIN BISSCHEN MEHR VON DEM, WAS DA UNTEN IST, ALS FRÜHER.
ES GIBT MEHR WASSER ALS LAND, UND AN LAND GEHT SCHON VIELES VOR, DAS REICHLICH MYSTERIÖS IST, HM?
AH, SIE MEINEN **NIXEN**, DIESE KALTEN FISCHFRAUEN MIT IHREN SCHUPPIGEN BUSEN UND FEUCHTEN KÜSSEN?
DAMEN, DIE UNS VERFÜHREN, INDEM SIE UNS AN IHRE KALTE BRUST DRÜCKEN UND UNS VERSCHWINDEN LASSEN-- "WEH MIR, NUN BIN ICH TOT"-- WENN SIE UNS INS KALTE NASS ZIEHEN?
NEIN. ICH SPRECHE VON DEM, WAS DA UNTEN IST.
AH, JUNGER MANN. SIE SEHEN AUSSERORDENTLICH GUT AUS. NICHT WAHR, MISTER GADLING?
WENN SIE ES SAGEN.
AH, ABER ICH SAGE ES JA.
WIR DACHTEN SOEBEN ÜBER DAS MEER NACH, UND ICH ERZÄHLTE MISTER GADLING VON DEN LAUNEN DER FRAUEN.
UND ICH SAGTE, DASS ER NICHT ALLE TASSEN IM SCHRANK HAT.
AH JA, DIESE UNTERHALTSAME UMGANGSSPRACHE. "LASS UNS ÄPFEL MIT BIRNEN VERGLEICHEN." HAHAHA.
ABER ICH SAGE DIE WAHRHEIT.
HÖREN SIE.
ES WAR EINMAL EIN KÖNIG, DER HATTE EINE FRAU, DIE ER MEHR LIEBTE ALS SEIN LEBEN...
10

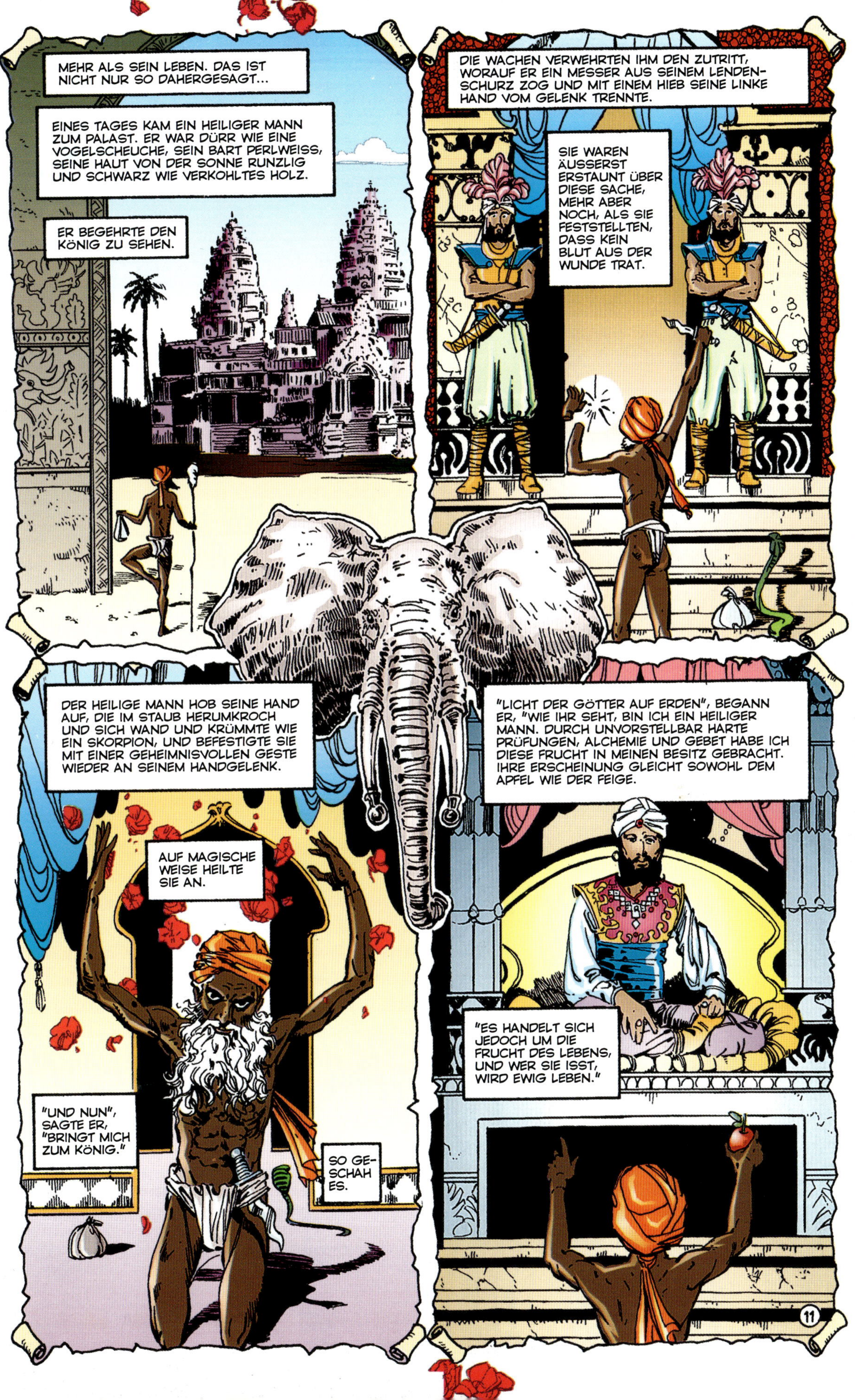
MEHR ALS SEIN LEBEN. DAS IST NICHT NUR SO DAHERGESAGT...
EINES TAGES KAM EIN HEILIGER MANN ZUM PALAST. ER WAR DÜRR WIE EINE VOGELSCHEUCHE, SEIN BART PERLWEISS, SEINE HAUT VON DER SONNE RUNZLIG UND SCHWARZ WIE VERKOHLTES HOLZ.
ER BEGEHRTE DEN KÖNIG ZU SEHEN.
DIE WACHEN VERWEHRTEN IHM DEN ZUTRITT, WORAUF ER EIN MESSER AUS SEINEM LENDEN-SCHURZ ZOG UND MIT EINEM HIEB SEINE LINKE HAND VOM GELENK TRENNTE.
SIE WAREN ÄUSSERST ERSTAUNT ÜBER DIESE SACHE, MEHR ABER NOCH, ALS SIE FESTSTELLTEN, DASS KEIN BLUT AUS DER WUNDE TRAT.
DER HEILIGE MANN HOB SEINE HAND AUF, DIE IM STAUB HERUMKROCH UND SICH WAND UND KRÜMMTE WIE EIN SKORPION, UND BEFESTIGTE SIE MIT EINER GEHEIMNISVOLLEN GESTE WIEDER AN SEINEM HANDGELENK.
AUF MAGISCHE WEISE HEILTE SIE AN.
"UND NUN", SAGTE ER, "BRINGT MICH ZUM KÖNIG."
SO GE-SCHAH ES.
"LICHT DER GÖTTER AUF ERDEN", BEGANN ER, "WIE IHR SEHT, BIN ICH EIN HEILIGER MANN. DURCH UNVORSTELLBAR HARTE PRÜFUNGEN, ALCHEMIE UND GEBET HABE ICH DIESE FRUCHT IN MEINEN BESITZ GEBRACHT. IHRE ERSCHEINUNG GLEICHT SOWOHL DEM APFEL WIE DER FEIGE.
"ES HANDELT SICH JEDOCH UM DIE FRUCHT DES LEBENS, UND WER SIE ISST, WIRD EWIG LEBEN."

"WARUM ESST IHR SIE NICHT SELBST?", FRAGTE DER KÖNIG, DEN NIEMAND ZUM NARREN HALTEN KONNTE, AUSSER ER SICH SELBST.
"AUS DREI GRÜNDEN. ERSTENS BIN ICH EIN ALTER MANN, UND UNSTERBLICHKEIT SOLLTE DEN JUNGEN UND GESUNDEN ZUTEILWERDEN; ZWEITENS WÜNSCHE ICH IM KARMISCHEN PROZESS VON TOD UND WIEDERGEBURT ZU VERBLEIBEN, AUF DEM WEG ZU EINEM HERRLICHEREN LOHN ALS EWIGEM LEBEN."
"UND DRITTENS?"
"DRITTENS HABE ICH ZU VIEL ANGST, DAVON ZU KOSTEN."
"WIE SOLL ICH WISSEN", FRAGTE DER KÖNIG, "DASS DIES KEIN GIFT IST? DASS DU NICHT VERSUCHST, MICH ZU ÜBERLISTEN?"
DER ALTE MANN BEFAHL, EINEN MUNGO ZU BRINGEN, UND IHM GAB ER MIT EIGENER HAND EIN WINZIGES STÜCK DER FRUCHT.
DANN BEFAHL ER, EIN FEUER ZU SCHÜREN UND WARF DAS TIER IN DIE FLAMMEN.
DAS FEUER BRANNTE NIEDER, UND DER KÖNIG SAH DEN MUNGO DARIN HERUMJAGEN. DIE FLAMMEN KONNTEN IHM NICHTS ANHABEN.
DA WUSSTE DER KÖNIG, DASS DER MANN IHM DIE WAHRHEIT GESAGT HATTE, UND DANKBAR NAHM ER DIE FRUCHT AN.
ER BEFAHL, GOLD FÜR DEN HEILIGEN MANN ZU BRINGEN, DOCH DER WIES ES ZURÜCK UND GING SEINER WEGE.
DER KÖNIG DACHTE ÜBER DIE GABE NACH.
NUN HATTE ER, WIE ICH ERWÄHNTE, EIN WEIB, DAS ER MEHR LIEBTE ALS SEIN LEBEN, UND ER BESCHLOSS, DASS SEIN WEIB UND NICHT ER SELBST DIE GABE ERHALTEN SOLLTE.
AM ABEND LIESS ER DEM GEDANKEN DIE TAT FOLGEN UND REICHTE SEINEM WEIB DIE FRUCHT DES LEBENS.

DOCH SEIN WEIB WAR SO UNTREU, WIE ES ALLE FRAUEN SIND. SIE HATTE EINEN LIEBHABER, EINEN HAUPTMANN DER PALASTWACHE.
UND WEIL SIE IHN LIEBTE, GAB SIE NACHTS DEM HAUPTMANN DIE FRUCHT DES LEBENS.
IN DER STADT GAB ES EINE DIRNE-- KEINE PROSTITUIERTE MIT DICKEM HINTERN, SONDERN EINE KURTISANE, WIE MAN SIE IN JENEN TAGEN HATTE--, DIE DEN HAUPTMANN BETÖRTE UND DEREN GUNST ER ERKAUFTE MIT GESCHMEIDE, GOLD UND SILBER, UM DAS ER DIE KÖNIGIN BETROG.
IHR BRACHTE ER DIE UNANGETASTETE FRUCHT.
SIE WAR SEHR SCHÖN. DOCH WAS DIE FRUCHT UND IHRE HERKUNFT ANGING, WAR SIE SICH UNSICHER, UND SIE WAR GIERIG GENUG NACH IRDISCHEM LOHN, UM SOGLEICH ZUM PALAST ZU EILEN.
SIE BOT DEM KÖNIG DIE FRUCHT AN.
ER NAHM SIE UND BELOHNTE SIE, NACHDEM SIE BERICHTET HATTE, WIE SIE IN IHREN BESITZ GELANGT WAR.
DANN LIESS ER DIE KÖNIGIN UND IHREN LIEBHABER BRINGEN UND BEIDE TÖTEN-- DOCH OHNE SIE ZU FOLTERN, DENN ER HATTE SIE MEHR GELIEBT ALS SEIN LEBEN.
ER KLEIDETE SICH WIE DER ÄRMSTE BETTLER SEINES REICHES, MACHTE SEINEN BRUDER ZUM KÖNIG AN SEINER STATT UND VERLIESS DEN PALAST.
ER ASS DIE FRUCHT UND GING AUS DER STADT IN DIE RUKH UND WARD NICHT MEHR GESEHEN.

SO. SEHEN SIE NUN, WORAUF ICH HINAUS WILL IN BEZUG AUF FRAUEN UND IHRE LAUNEN, DIE IHR MISTER KIPLING SO TREFFEND ALS TÖDLICHER TADELTE ALS DIE MÄNNER?
ICH FINDE DIE GESCHICHTE BLÖD.
DA HAT ER RECHT, ALTER FREUND. FRAUEN SIND NICHT UNTREU.
DIE **MENSCHEN** SIND UNBESTÄNDIG. UND MEIST HABEN MÄNNER MEHR GELEGENHEIT HERUMZUTÄNDELN ALS FRAUEN.
"WAS WOLLT IHR FRAUEN? 'S WAR IMMER SO. MÄNNER SIND TÖRICHT UND SELTSAM GEPLANT, HABEN IHRE TRÄUME, DENKEN NICHT AN UNS AUF DER GOLD'NEN STRASSE NACH SAMARKAND."
BITTE?
EIN GEDICHT. AUS EINEM BUCH.
WARUM LEUCHTET DAS WASSER SO?
DER TRÄUMERISCHE ZAUBER DER SEE.
PHOSPHORESZIERENDE ALGEN.
JEDENFALLS IST DIE GESCHICHTE NICHT WAHR.
NEIN?
NIEMAND LEBT EWIG. AUF DEM LETZTEN SCHIFF FIEL MEIN FREUND HARRY AUS DEN WANTEN. WIR WICKELTEN IHN IN SEGELTUCH UND WARFEN IHN ÜBER BORD.
ERST TRIEB ER OBEN, DANN SANK ER HINAB.
DAS IST JA TIEFSINNIG, JIM.
WAS?
DU HAST VERBORGENE TIEFEN, WIE DIE SEE.
FRAGST DU DICH MANCHMAL, WAS DA UNTEN VORGEHT? SCHLIESSLICH GIBT ES MEHR WASSER ALS LAND. UND WIR SEHEN NIE MEHR ALS EINEN WINZIGEN BRUCHTEIL DAVON.
EIN STURM ZIEHT AUF.
WOHER WISSEN SIE DAS, MISTER GADLING?
JAHRELANGE ERFAHRUNG.

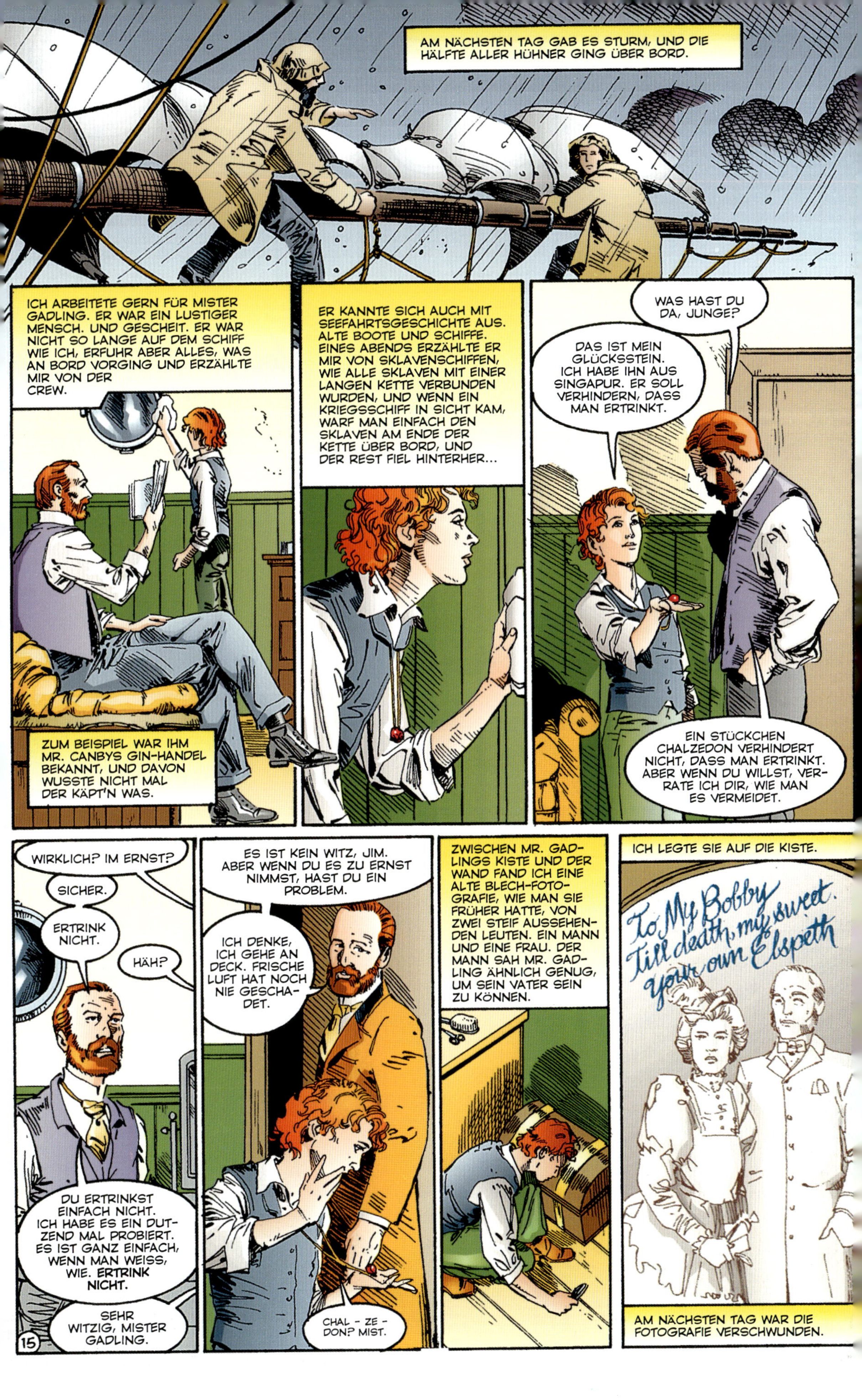
AM NÄCHSTEN TAG GAB ES STURM, UND DIE HÄLFTE ALLER HÜHNER GING ÜBER BORD.
ICH ARBEITETE GERN FÜR MISTER GADLING. ER WAR EIN LUSTIGER MENSCH. UND GESCHEIT. ER WAR NICHT SO LANGE AUF DEM SCHIFF WIE ICH, ERFUHR ABER ALLES, WAS AN BORD VORGING UND ERZÄHLTE MIR VON DER CREW.
ZUM BEISPIEL WAR IHM MR. CANBYS GIN-HANDEL BEKANNT, UND DAVON WUSSTE NICHT MAL DER KÄPT'N WAS.
ER KANNTE SICH AUCH MIT SEEFAHRTSGESCHICHTE AUS. ALTE BOOTE UND SCHIFFE. EINES ABENDS ERZÄHLTE ER MIR VON SKLAVENSCHIFFEN, WIE ALLE SKLAVEN MIT EINER LANGEN KETTE VERBUNDEN WURDEN, UND WENN EIN KRIEGSSCHIFF IN SICHT KAM, WARF MAN EINFACH DEN SKLAVEN AM ENDE DER KETTE ÜBER BORD, UND DER REST FIEL HINTERHER...
WAS HAST DU DA, JUNGE?
DAS IST MEIN GLÜCKSSTEIN. ICH HABE IHN AUS SINGAPUR. ER SOLL VERHINDERN, DASS MAN ERTRINKT.
EIN STÜCKCHEN CHALZEDON VERHINDERT NICHT, DASS MAN ERTRINKT. ABER WENN DU WILLST, VERRATE ICH DIR, WIE MAN ES VERMEIDET.
WIRKLICH? IM ERNST?
SICHER.
ERTRINK NICHT.
HÄH?
DU ERTRINKST EINFACH NICHT. ICH HABE ES EIN DUTZEND MAL PROBIERT. ES IST GANZ EINFACH, WENN MAN WEISS, WIE. **ERTRINK NICHT.**
SEHR WITZIG, MISTER GADLING.
ES IST KEIN WITZ, JIM. ABER WENN DU ES ZU ERNST NIMMST, HAST DU EIN PROBLEM.
ICH DENKE, ICH GEHE AN DECK. FRISCHE LUFT HAT NOCH NIE GESCHADET.
CHAL - ZE - DON? MIST.
ZWISCHEN MR. GADLINGS KISTE UND DER WAND FAND ICH EINE ALTE BLECH-FOTOGRAFIE, WIE MAN SIE FRÜHER HATTE, VON ZWEI STEIF AUSSEHENDEN LEUTEN. EIN MANN UND EINE FRAU. DER MANN SAH MR. GADLING ÄHNLICH GENUG, UM SEIN VATER SEIN ZU KÖNNEN.
ICH LEGTE SIE AUF DIE KISTE.
To My Bobby
Till death, my sweet.
your own Elspeth
AM NÄCHSTEN TAG WAR DIE FOTOGRAFIE VERSCHWUNDEN.

NACH DEM STURM LIESS DER WIND UNS IM STICH.
DIE SEGEL HINGEN SCHLAFF UND LEBLOS VON DEN MASTEN.
AM ERSTEN TAG SAGTEN ALLE NICHT VIEL.
DIE CREW BESCHWOR DEN WIND, JEDER AUF SEINE ART.
EINIGE PFIFFEN GEDANKEN-LOS BEI IHRER ARBEIT, ALS WÄREN SIE FRÖHLICH.
SIE PFIFFEN UM WIND.
NAT DAWNING WICKELTE EIN STÜCK ROSA KORALLE IN WEISSES SEEHUNDFELL UND HÄNGTE ES AN DEN BUGSPRIET.
ES HALF NICHT.
DAS SCHIFF LAG WEITERHIN SCHEINBAR REGLOS AUF DEM SPIE-GELGLATTEN MEER.
AM NÄCHSTEN MORGEN SCHRITT DER KÄPT'N PERSÖNLICH ZUM HECK DES SCHIFFES UND WARF SEINE ÄLTESTEN SCHUHE INS WASSER.
NATÜRLICH HILFT ES. WENN MAN WIRKLICH WIND BRAUCHT, MUSS DER KÄPT'N ALTE SCHUHE ÜBER BORD WERFEN.
AH. EIN SÜHNE-OPFER. WIE BEMERKENS-WERT SCHARF-SINNIG.
ZUERST DACHTE ICH, ES HÄTTE GEWIRKT, DENN SCHON BALD FÄRBTE SICH DAS MEER IM OSTEN DUNKLER.
DOCH DANN SAHEN WIR...
FISCHE!
SEHT DOCH! ES SIND FISCHE!
16

ER HATTE RECHT.
DIE SEE WIMMELTE VON FISCHEN ALLER ART, GESTALT UND GRÖSSE. DELFINE SPRANGEN UND TAUCHTEN UND VERURSACHTEN EINEN REGEN KLEINERER FISCHE.
DAS WASSER SCHÄUMTE UND GLITZERTE SILBERN: EIN MEER VOLLER FISCHE, DIE NACH WESTEN ZOGEN.
AUF DRÄNGEN DES KÄPT'NS WARFEN WIR EIN NETZ AUS UND ZOGEN MEHR FISCHE AN BORD, ALS WIR IN EINEM MONAT VOLLER SONNTAGE VERTILGEN KONNTEN, VON RIESIGEN DORSCHEN BIS ZU WINZIGEN, GLITZERNDEN FISCHCHEN, DEREN NAMEN ICH NICHT KANNTE…
ES GAB SOGAR EINEN SCHWARM FLIEGENDER FISCHE, DIE HIER EIGENTLICH NICHT VORKAMEN – UND EINIGE LANDETEN AN DECK DER SEA WITCH.
MR. GADLING HOB EINEN AUF, DER AUF DEM DECK HERUMZAPPELTE UND SICH WAND, UND WARF IHN ZURÜCK IN DAS BRODELNDE WASSER.
UND DANN WAREN DIE FISCHE IM WESTEN VERSCHWUNDEN. DAS WASSER WURDE LEER, VERFÄRBTE SICH VON SILBER NACH BLAU UND VON BLAU NACH SCHWARZ.
LAND IN SICHT!
BIST DU TOLL, MANN? HIER GIBT'S KEIN LAND!
ABER KÄPT'N--
ICH SEH'S.
WO DENN?
DA DRÜBEN-- HE! DAS IST KOMISCH… ES IST WEG…
UND DANN ROLLTE DAS DECK, HOLTE ÜBER, UND DIE WELT STAND KOPF.

MISTER GADLING?
ES IST WAHR.
WIR HABEN DIE SEESCHLANGE GESEHEN.
UND?
WIR MÜSSEN ES ALLEN ERZÄHLEN. ICH MEINE, ES IST WAHR, KEINE EINBILDUNG. WIR HABEN SIE GESEHEN...
HABEN WIR. IN DER TAT.
DANN KAM EIN TÜCHTIGER WIND AUF UND FÜLLTE DIE SEGEL. DER KÄPT'N UND MR. CANBY NAHMEN UNS RAN.
WIR MACHTEN GUTE FAHRT.

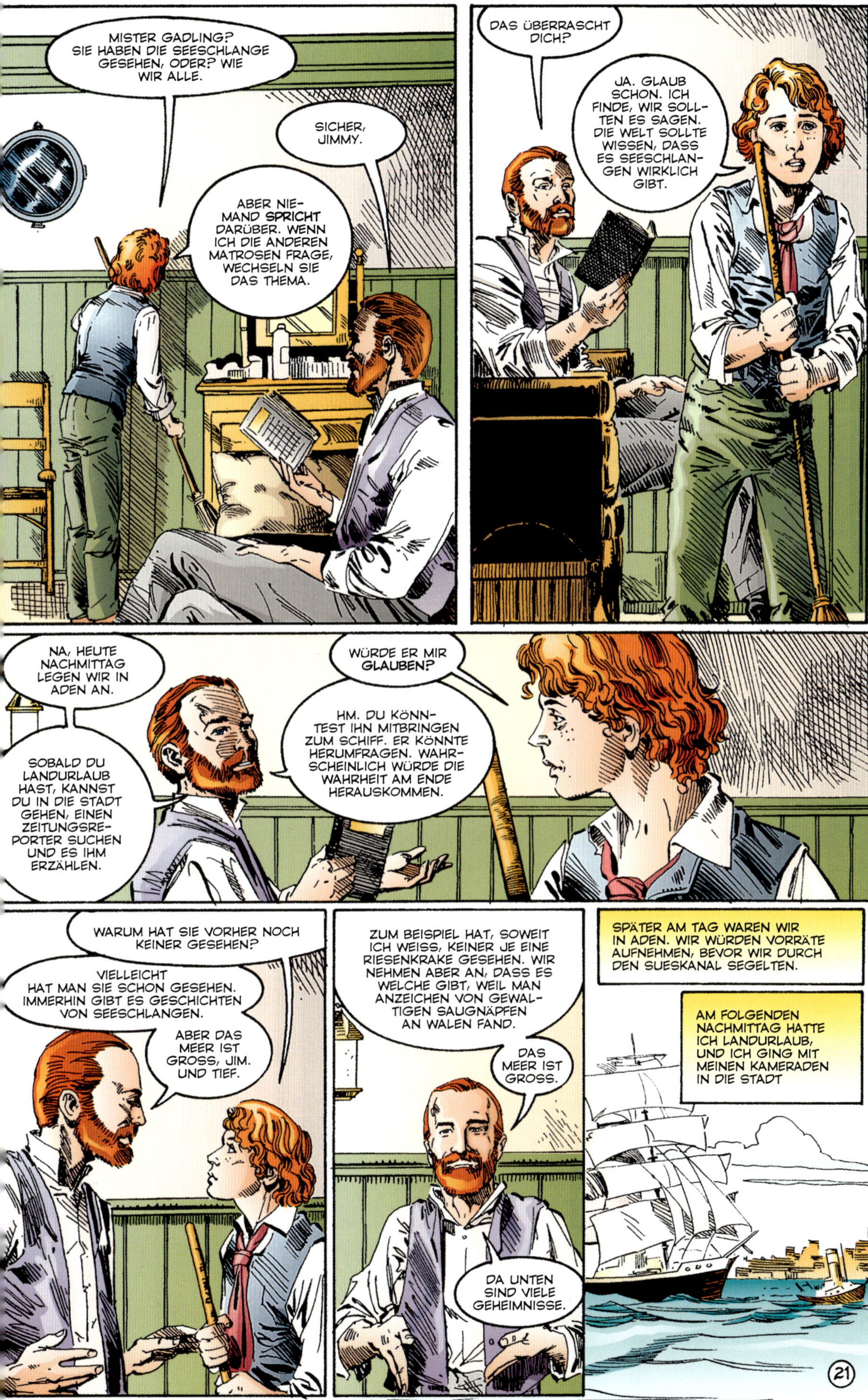

MISTER GADLING? SIE HABEN DIE SEESCHLANGE GESEHEN, ODER? WIE WIR ALLE.
SICHER, JIMMY.
ABER NIEMAND **SPRICHT** DARÜBER. WENN ICH DIE ANDEREN MATROSEN FRAGE, WECHSELN SIE DAS THEMA.
DAS ÜBERRASCHT DICH?
JA. GLAUB SCHON. ICH FINDE, WIR SOLLTEN ES SAGEN. DIE WELT SOLLTE WISSEN, DASS ES SEESCHLANGEN WIRKLICH GIBT.
NA, HEUTE NACHMITTAG LEGEN WIR IN ADEN AN.
SOBALD DU LANDURLAUB HAST, KANNST DU IN DIE STADT GEHEN, EINEN ZEITUNGSREPORTER SUCHEN UND ES IHM ERZÄHLEN.
WÜRDE ER MIR **GLAUBEN?**
HM. DU KÖNNTEST IHN MITBRINGEN ZUM SCHIFF. ER KÖNNTE HERUMFRAGEN. WAHRSCHEINLICH WÜRDE DIE WAHRHEIT AM ENDE HERAUSKOMMEN.
WARUM HAT SIE VORHER NOCH KEINER GESEHEN?
VIELLEICHT HAT MAN SIE SCHON GESEHEN. IMMERHIN GIBT ES GESCHICHTEN VON SEESCHLANGEN.
ABER DAS MEER IST GROSS, JIM. UND TIEF.
ZUM BEISPIEL HAT, SOWEIT ICH WEISS, KEINER JE EINE RIESENKRAKE GESEHEN. WIR NEHMEN ABER AN, DASS ES WELCHE GIBT, WEIL MAN ANZEICHEN VON GEWALTIGEN SAUGNÄPFEN AN WALEN FAND.
DAS MEER IST GROSS.
DA UNTEN SIND VIELE GEHEIMNISSE.
SPÄTER AM TAG WAREN WIR IN ADEN. WIR WÜRDEN VORRÄTE AUFNEHMEN, BEVOR WIR DURCH DEN SUESKANAL SEGELTEN.
AM FOLGENDEN NACHMITTAG HATTE ICH LANDURLAUB, UND ICH GING MIT MEINEN KAMERADEN IN DIE STADT

AM HORIZONT WURDE ES HELLER, ALS ICH ZUM SCHIFF ZURÜCKKEHRTE.
... ZEIT, SIE SCHULDEN MIR NICHTS. VON UNS GIBT ES NUR WENIGE. DA SOLLTEN WIR UNS WENIGSTENS GEGENSEITIG HELFEN.
IHRE SEA WITCH IST EIN SO SCHÖNES SCHIFF.
ICH GEBE DIE REEDEREI DEMNÄCHST AUF. DANN VIELLEICHT WIEDER EINE DRUCKEREI, ODER EIN VERLAG.
HALLO, JIM.
GUTEN ABEND, JUNGER MANN. ACH. DIE STUNDE IST LÄNGST VORÜBER, DA ANSTÄNDIGE MEN-SCHEN SICHER IN MR. MORPHEUS' ARMEN RUHEN SOLLTEN. ICH WERDE MICH NUN NACH BETTENBURG BEGEBEN.
EUCH ZWEI JUNGEN LEUTE LASSE ICH ALLEIN.
DU WARST ALSO AN LAND?
JA.
WEM HAST DU'S ERZÄHLT?
WAS?
VON DER SEESCHLANGE.
KEINEM.
ICH DACHTE MIR, DASS DU NICHTS SAGST. WIR ALLE HABEN GEHEIMNISSE.
UND DU WILLST DOCH KEINE AUFMERKSAMKEIT ERREGEN.
STIMMT DOCH, MÄD-CHEN?

... WOHER WISSEN SIE'S?
DU BIST NICHT DAS ERSTE MÄDEL, DAS MIR ZU MEINER ZEIT BEGEGNET IST. AUCH NICHT DAS FÜNFZIGSTE. WENN MAN GENUG ZEIT HAT, NIMMT MAN VIELE DINGE WAHR.
SYKES TRANSPORT
EIN BISSCHEN LIEGT ES AN DER STIMME, EIN BISSCHEN AN DEN HÄNDEN, UND MAN MUSS LERNEN ZU SEHEN, WAS MAN SIEHT, UND NICHT, WAS MAN **GLAUBT** ZU SEHEN, FALLS DAS EINEN SINN ERGIBT.
ES IST UNFAIR. MÄNNER DÜRFEN MATROSEN WERDEN. WARUM NICHT AUCH MÄDCHEN?
ICH GLAUBE, WEIL DAS LEBEN NICHT FAIR IST. UND DAS IST EINE GRUNDLEGENDE ERFAHRUNG.
WIE HEISST DU WIRKLICH, JIM?
MARGARET. MAMA NANNTE MICH PEGGY.
EIN SCHÖNES SCHIFF, NICHT WAHR?
GEHÖRT SIE IHNEN WIRKLICH?
CLEVERES MÄDCHEN. DU HAST AUFGEPASST. JA, SIE GEHÖRT MIR.
Sea Witch
NA JA, JEDENFALLS BIS WIR IN LIVERPOOL ANLEGEN. DANN BLEIBT MIR DIE TRAURIGE AUFGABE, DER GESELLSCHAFT MITZUTEILEN, DASS MEIN GROSSONKEL ROBERT IN KALKUTTA AN EINER TROPENKRANKHEIT STARB.
ER HINTERLIESS MIR SEINE ANTEILE AN DER GESELLSCHAFT. ABER ICH WERDE SIE VERKAUFEN... DER JUNGE ROBBIE HAT NACH ZWANZIG JAHREN IM AUSLAND KEIN INTERESSE AN SCHIFFEN.
DANN BLEIBT NICHTS ÜBRIG, WAS MICH MIT DEM ALTEN MANN VERBINDET.
WIE ALT SIND SIE, SIR?
ALT GENUG, UM ZU WISSEN, DASS MAN BESSER DEN MUND HÄLT, WENN MAN AUF HOHER SEE EINE RIESENSCHLANGE GESEHEN HAT.

BITTE VERRATEN SIE MICH NICHT, JA, MISTER GADLING?
NENN MICH HOB.
ZU GEGEBENER ZEIT WIRST DU EIN GARN SPINNEN ÜBER DAS, WAS WIR AUF SEE GESEHEN HABEN. ZU GEGEBENER ZEIT WERDE ICH DIE GESCHICHTE VOM HÜBSCHEN KABINENJUNGEN ERZÄHLEN.
ABER ERST WENN GENÜGEND ZEIT IST UND DAS PUBLIKUM STIMMT, WERDEN DIE DUNKELSTEN GEHEIMNISSE ZU REINEN KURIOSITÄTEN.
NA JA.
MAN WIRD UNS SOWIESO NICHT GLAUBEN.
ICH SAH MR. GADLING IM HAFEN VON LIVERPOOL ZUM LETZTEN MAL. ER VERSCHWAND MIT DEM INDISCHEN GENTLEMAN, UND ICH HABE BEIDE SEITHER NICHT WIEDERGESEHEN.
BIS JETZT HABE ICH ES NICHT GEWAGT, MEINE GESCHICHTE ZU ERZÄHLEN, UND WENN ICH GLAUBEN WÜRDE, DASS DIESES GASTHAUS REAL IST UND SIE ALLE MEHR ALS PHANTOME UND OPIUMGEISTER, HÄTTE ICH SIE AUCH JETZT NICHT ERZÄHLT.
ICH FUHR VON LIVERPOOL NACH RIO, VON RIO ZU DEN AZOREN, VON DORT NACH BOSTON UND NUN NACH NEUFUNDLAND, UND AUSSER MR. GADLING HAT MICH NOCH JEDER MANN FÜR EINEN WASCHECHTEN JUNGEN GEHALTEN... OBWOHL ES EIN PAAR MAL UM EIN HAAR RAUSGEKOMMEN WÄRE.
ABER ICH WERDE ZU ALT DAFÜR, DAS MACHT MIR SORGEN, DENN DIE SEE LIEGT MIR IM BLUT WIE EIN FIEBER, UND ICH WEISS NICHT, OB ICH AUFHÖREN KANN. OBWOHL MIR KLAR IST, DASS MEINE ZEIT AUF SEE WIE DIE DER GROSSEN SEGLER IHREM ENDE ZUGEHT. ES IST ALSO EGAL, OB SIE MIR GLAUBEN ODER NICHT.
UND WENN ICH EINES TAGES DIE SEE AUFGEBE WIE EIN MATROSE SEINE LIEBSTE AN LAND, DANN NEHME ICH EINEN ANDEREN NAMEN AN UND BEGINNE EIN NEUES LEBEN.
ABER BIS DAHIN-- NENNT MICH JIM.

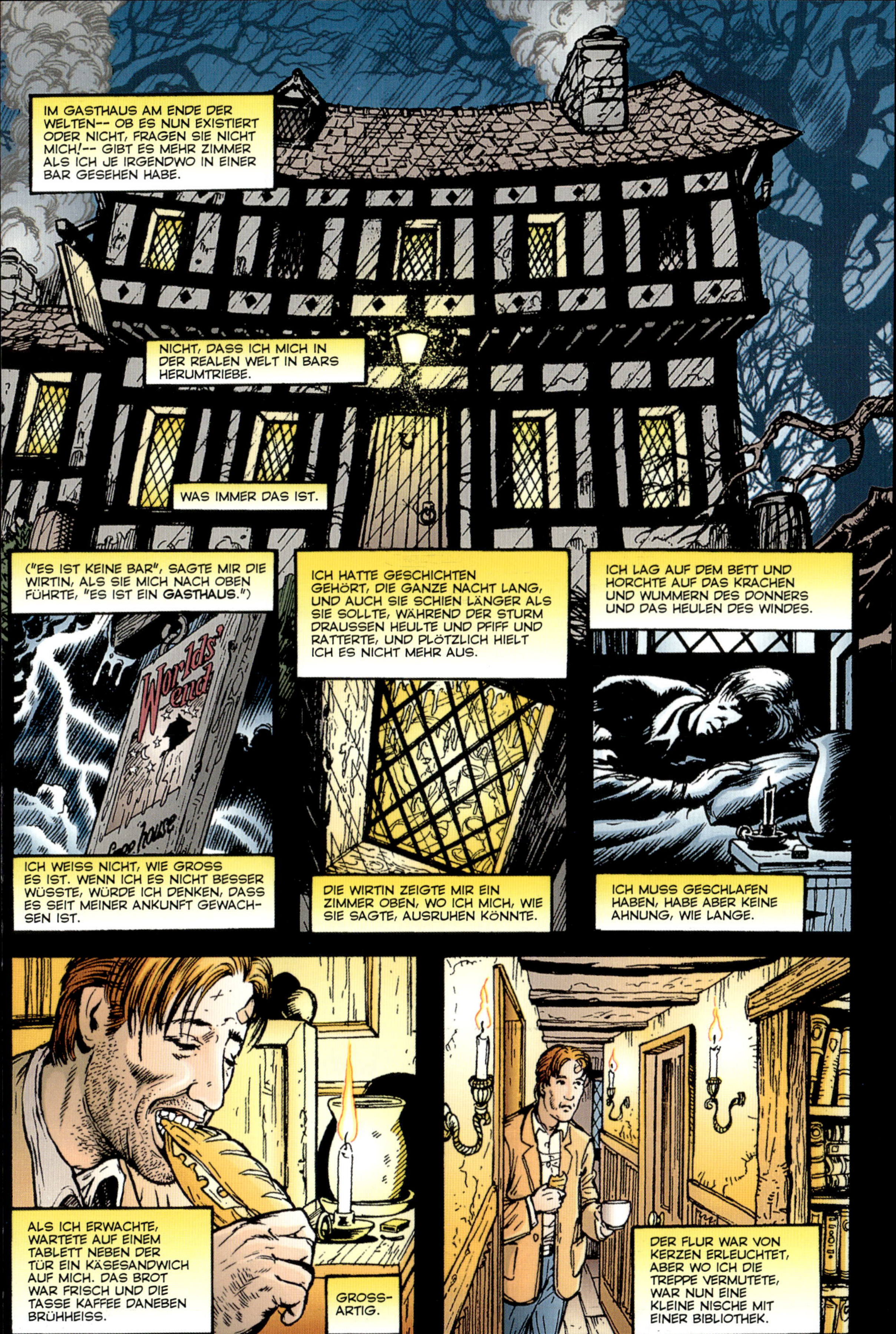
IM GASTHAUS AM ENDE DER WELTEN-- OB ES NUN EXISTIERT ODER NICHT, FRAGEN SIE NICHT MICH!-- GIBT ES MEHR ZIMMER ALS ICH JE IRGENDWO IN EINER BAR GESEHEN HABE.
NICHT, DASS ICH MICH IN DER REALEN WELT IN BARS HERUMTRIEBE.
WAS IMMER DAS IST.
("ES IST KEINE BAR", SAGTE MIR DIE WIRTIN, ALS SIE MICH NACH OBEN FÜHRTE, "ES IST EIN GASTHAUS.")
Worlds' end
free house
ICH WEISS NICHT, WIE GROSS ES IST. WENN ICH ES NICHT BESSER WÜSSTE, WÜRDE ICH DENKEN, DASS ES SEIT MEINER ANKUNFT GEWACHSEN IST.
ICH HATTE GESCHICHTEN GEHÖRT, DIE GANZE NACHT LANG, UND AUCH SIE SCHIEN LÄNGER ALS SIE SOLLTE, WÄHREND DER STURM DRAUSSEN HEULTE UND PFIFF UND RATTERTE, UND PLÖTZLICH HIELT ICH ES NICHT MEHR AUS.
DIE WIRTIN ZEIGTE MIR EIN ZIMMER OBEN, WO ICH MICH, WIE SIE SAGTE, AUSRUHEN KÖNNTE.
ICH LAG AUF DEM BETT UND HORCHTE AUF DAS KRACHEN UND WUMMERN DES DONNERS UND DAS HEULEN DES WINDES.
ICH MUSS GESCHLAFEN HABEN, HABE ABER KEINE AHNUNG, WIE LANGE.
ALS ICH ERWACHTE, WARTETE AUF EINEM TABLETT NEBEN DER TÜR EIN KÄSESANDWICH AUF MICH. DAS BROT WAR FRISCH UND DIE TASSE KAFFEE DANEBEN BRÜHHEISS.
GROSSARTIG.
DER FLUR WAR VON KERZEN ERLEUCHTET, ABER WO ICH DIE TREPPE VERMUTETE, WAR NUN EINE KLEINE NISCHE MIT EINER BIBLIOTHEK.

EIN BLITZ FLAMMTE AUF, UND EINEN AUGENBLICK LANG MEINTE ICH LEUTE IM GESPRÄCH DEN FLUR ENTLANG-GEHEN ZU SEHEN, ABER DANN WAR DIE DUNKELHEIT WIEDER DA, UND SIE WAREN VERSCHWUNDEN.
HALLO.
HHÄH?
ICH, ÄH, ICH DACHTE, ICH WÄRE ALLEIN HIER OBEN.
NEIN. ICH BIN AUCH HIER. VERZEIHEN SIE, DASS ICH SIE ERSCHRECKT HABE.
SCHON GUT. IST NUR KAFFEE. GEHT WIEDER RAUS.
ICH GLAUBE, ICH SOLLTE WIEDER RUNTERGEHEN. ICH HABE DA EINE BEKANNTE. WURDEN SIE AUCH VOM STURM ÜBERRASCHT?
STURM? NEIN. KEIN STURM.
SIE SIND NICHT IN DEN STURM GERATEN? WIE KAMEN SIE DANN HER?
AUF DEM WEG NACH WOANDERS.
WOHER KOMMEN SIE?
SEATTLE.
SEATTLE, WASHINGTON? IN AMERIKA? DIE VEREINIGTEN STAATEN?
JA, SICHER. DAS HEISST, WIE VIELE AMERIKAS GIBT'S DENN SCHON?
VIELE. SEHR, SEHR VIELE. ABER VIELLEICHT WENIGER ALS FRÜHER. ICH FÜHLE MICH GEEHRT, SIE KENNENZULERNEN.
DAS AMERIKA, AUS DEM SIE KOMMEN. WER WAR DA PRÄSIDENT, ALS SIE GINGEN?
ICH GING NICHT. ODER NA JA... CLINTON. BILL CLINTON.
UND DAVOR?
GEORGE BUSH.
AH. UND VOR BUSH REAGAN, UND DAVOR... WER?
JIMMY CARTER.
AH, SIE SIND AUS EINEM DIESER AMERIKAS. SIE HABEN MEIN MITGEFÜHL.
HERRJE, DANKE. WENN SIE SICH ALSO NICHT VOR DEM STURM VERSTECKEN, WAS TUN SIE?
ICH BIN EIN SUCHER. EIN JÜNGER...

LASSEN SIE MICH ERZÄHLEN, WEM ICH FOLGE.
SEINE MUTTER WAR DER MEINUNG, DASS NAMEN MACHT HABEN. NAMEN BESTIMMEN UNS NICHT, ABER SIE BEEINFLUSSEN UNS ZUM GUTEN ODER SCHLECHTEN, HELFEN, UNS ZU FORMEN UND ZU GESTALTEN.
VIELLEICHT SAH SIE EIN WENIG VON DER ZUKUNFT AN JENEM TAG, VIELLEICHT WURDE SIE VON EINER HÖHEREN MACHT INSPIRIERT.
UND SIE NANNTE IHR NEUGEBORENES...
Der Goldjunge
PREZ. ALS ABKÜRZUNG FÜR PRÄSIDENT.
DER JUNGE TRUG SEINEN NAMEN MIT STOLZ.
JEDEN MORGEN WIEDERHOLTE ER DAS TREUEGELÖBNIS. ANDERE KINDER STANDEN AUF UND REDETEN, ABER ER WUSSTE, DASS DAS TREUEGELÖBNIS FÜR SIE NUR AUS WORTEN UND LAUTEN BESTAND, ÄHNLICH DEM ALPHABET.
FÜR DAS KIND PREZ RICKARD WAR JEDER MORGEN EIN MOMENT DER HINGABE, DER MAGIE. MIT HERZ, GEIST UND SEELE GELOBTE ER ETWAS, DAS GRÖSSER WAR ALS ER SELBST.
ALS PREZ SECHS WAR, SAGTE PRÄSIDENT KENNEDY DEM AMERIKANISCHEN VOLK, ES SOLLE NICHT DANACH FRAGEN, WAS DAS LAND FÜR SIE TUN KÖNNE, SONDERN DANACH, WAS SIE FÜR DAS LAND TUN KÖNNTEN.
PREZ RICKARD WUSSTE DAS SCHON.
3

MEIN VOLK HAT VON ALTERS HER DIE WELT IN ZWEI ARTEN VON LEUTEN EINGETEILT: IGEL UND FÜCHSE. IGEL WISSEN EINE GROSSE SACHE. FÜCHSE WISSEN VIELE KLEINE DINGE.
PREZ RICKARD WUSSTE ZWEI GROSSE DINGE.
EINS DAVON BETRAF AMERIKA, DAS ANDERE DIE ZEIT.
DIE STADT STEADFAST WAR BERÜHMT FÜR IHRE UHREN: AN JEDEM HAUS, JEDEM LADEN, JEDEM TURM UND JEDEM ÖFFENTLICHEN GEBÄUDE PRANGTE EINE EIGENE UHR, DIE STÜNDLICH UND HALBSTÜNDLICH LÄUTETE ODER SCHLUG ODER SPIELTE.
JACKSON
JEWELERS
OPTOMETRISTS
JEWELERS
TRAURIGERWEISE GINGEN NICHT ZWEI UHREN GLEICH.
ALS PREZ DREIZEHN WAR, VERLOR IHN SEINE MUTTER IN DER STADTMITTE AUS DEN AUGEN.
EIN PAAR STUNDEN SPÄTER FAND SIE IHN IM RATHAUS. ER SPRACH MIT DEN STADTOBEREN ÜBER BÜRGERRECHTE UND BEANTWORTETE IHRE FRAGEN MIT EINEM TIEFGANG UND EINEM SCHARFSINN, DER DIE ÄLTEREN VERBLÜFFTE.
ALS ER 16 WAR, REPARIERTE UND JUSTIERTE PREZ OHNE HILFE ALLE UHREN IN STEADFAST.
FRIEDEN UND LIEBE PARTEI EROBERT KALIFORNIEN
DAS WAR IN DEM JAHR, ALS DER KONGRESS 18-JÄHRIGEN DAS WAHLRECHT ZUGESTAND.
ERSTER TEEN-SENATOR MEINT "COOL BLEIBEN!"
SELBSTREDEND STIMMTE DIE MEHRHEIT DER 18-JÄHRIGEN DAFÜR, DIE ALTERSGRENZE FÜR GEWÄHLTE VERTRETER ZU SENKEN. SIE WÄHLTEN SICH SELBST IN DEN SENAT, IN DEN KONGRESS UND IM FOLGENDEN JAHR-- UND DAS ÜBERRASCHTE NIEMANDEN-- SENKTEN SIE DAS ALTERSLIMIT FÜR DEN PRÄSIDENTEN AUF 18.
BLEIBT COOL, LEUTE!
DER HERRSCHER DIESER WELT WAR BOSS SMILEY.
4

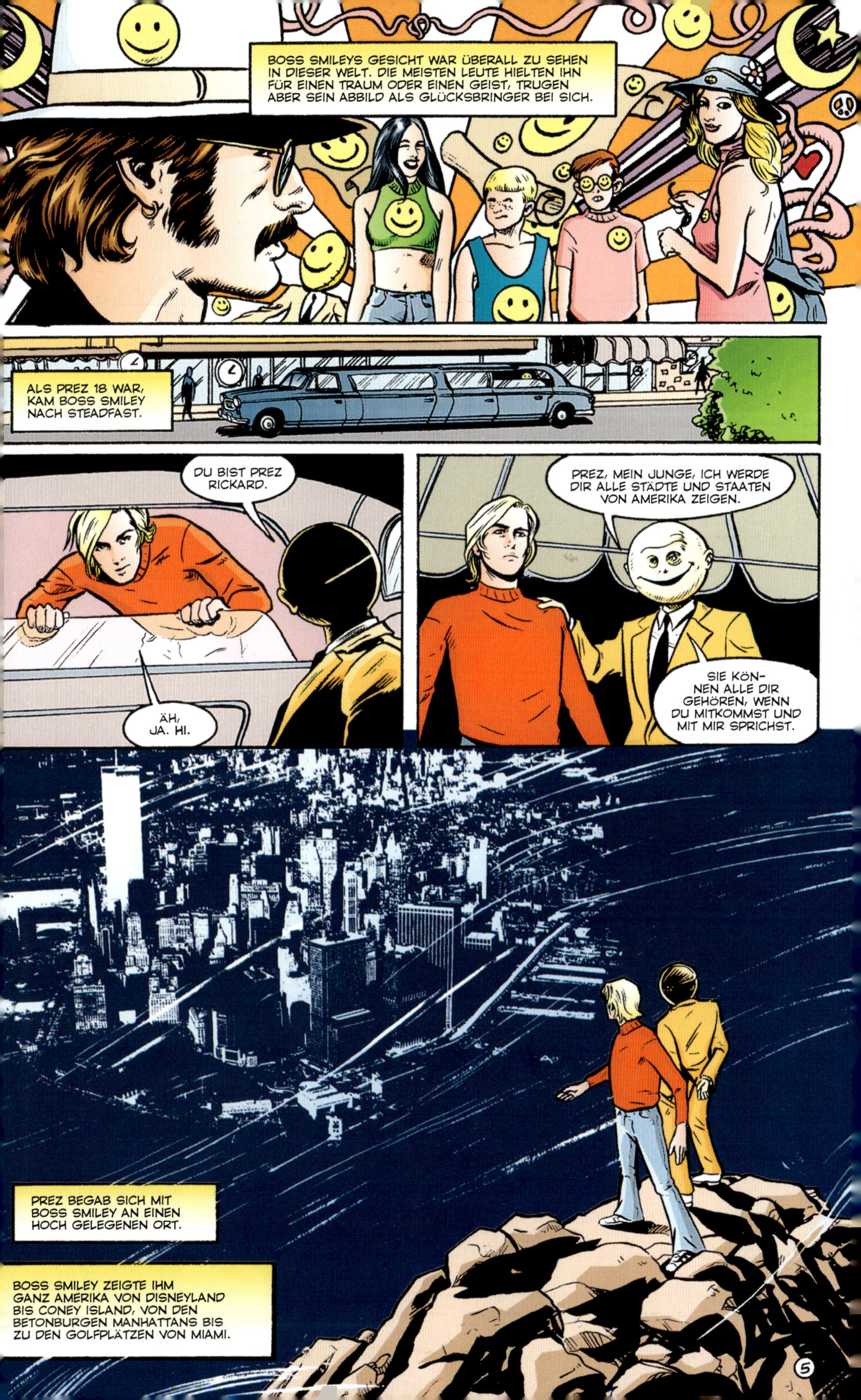
BOSS SMILEYS GESICHT WAR ÜBERALL ZU SEHEN IN DIESER WELT. DIE MEISTEN LEUTE HIELTEN IHN FÜR EINEN TRAUM ODER EINEN GEIST, TRUGEN ABER SEIN ABBILD ALS GLÜCKSBRINGER BEI SICH.
ALS PREZ 18 WAR, KAM BOSS SMILEY NACH STEADFAST.
DU BIST PREZ RICKARD.
ÄH, JA. HI.
PREZ, MEIN JUNGE, ICH WERDE DIR ALLE STÄDTE UND STAATEN VON AMERIKA ZEIGEN.
SIE KÖNNEN ALLE DIR GEHÖREN, WENN DU MITKOMMST UND MIT MIR SPRICHST.
PREZ BEGAB SICH MIT BOSS SMILEY AN EINEN HOCH GELEGENEN ORT.
BOSS SMILEY ZEIGTE IHM GANZ AMERIKA VON DISNEYLAND BIS CONEY ISLAND, VON DEN BETONBURGEN MANHATTANS BIS ZU DEN GOLFPLÄTZEN VON MIAMI.

ICH HABE NACH EINEM HELLEN KOPF AUSSCHAU GEHALTEN. UND ES IST ZEIT. SIE WOLLEN VON EINEM KIND GEFÜHRT WERDEN, UND DU BIST, NA?
WIE ALT?
GERADE ACHTZEHN, SIR.
SEHR GUT.
NA, WAS MEINST DU? MÖCHTEST DU PRÄSIDENT WERDEN?
MEHR ALS ALLES ANDERE.
SEHR GUT. DANN LASSE ICH ES GESCHEHEN.
"WÄHLT PREZ-- ER WEISS IMMER, WAS DIE UHR GESCHLAGEN HAT..."
DU WIRST PRÄSIDENT VON AMERIKA, DER JÜNGSTE DER GESCHICHTE. UND ALS AUSGLEICH...
JA, SIR?
ALS AUSGLEICH VERGISST DU NICHT, WEM DU DAS ALLES **VERDANKST**. DENKST DARAN, WESSEN WELT DIES IST. VERGISST NICHT, WER DER **BOSS** IST.
EIN GROSS-ZÜGIGES ANGEBOT, SIR.
UND?
ICH WERDE PRÄSIDENT, SIR. ABER ICH WERDE ES AUF MEINE ART MACHEN, UND ZU MEINER ZEIT.
NEIN, DANKE SEHR, BOSS SMILEY.
DARAUF GING PREZ RICKARD FORT.
UND BOSS SMILEY...
LÄCHELTE NUR.

Newsweek
ON TIME.
IN DEN FOLGENDEN MONATEN STIEG PREZ RICKARD IMMER HÖHER. ER ARBEITETE HART IN DER LOKALPOLITIK. ER KAM AUF DAS TITELBLATT DER NEWSWEEK (ES HERRSCHTE GERADE NACHRICHTEN-FLAUTE). JOHNNY CARSON RISS EINEN WITZ ÜBER IHN IN DER TONIGHT SHOW.
EINES NACHTS ERWACHTE PREZ, UND DER PRÄSIDENT DER VEREINIGTEN STAATEN STAND IN SEINEM SCHLAFZIMMER.
DU BIST ALSO, ÄH, PREZ RICKARD?
ÖH... JA.
DU, ÄH, SIEHST EHER UNSCHEIN-BAR AUS.
DU WIRST DER NÄCHSTE PRÄSIDENT, WUSSTEST DU DAS?
SIR...?
ACH, TU NICHT SO BLAUÄUGIG UND UNSCHULDIG, KIND. ICH, ÄH, HABE ES VON GANZ OBEN. MAN HÖRT SO EINIGES, WENN MAN PRÄSIDENT IST. DU WIRST ES ERLEBEN.
ICH WERDE DIR JETZT EIN PAAR DINGE SAGEN. MACHT ES DIR FÜR DIE ZUKUNFT LEICHTER.
ALSO: **NICHTS**, WAS DU IM WEISSEN HAUS TUST, IST WICHTIG.
WEISST DU, WARUM NICHT? WEIL DU FÜR EINEN GROSS-TEIL DER WÄHLENDEN SCHWACHKÖPFE DER SCHLECHTESTE PRÄSIDENT SEIN WIRST, DEN ES JE GAB. BIS DU AUFHÖRST.
DANN IST EIN ANDERER ARMER HUND DRAN.
UND AUCH DAS MACHT NICHTS, DENN ZEHN, ZWANZIG JAHRE SPÄ-TER DENKT MAN AN DICH ZURÜCK UND FRAGT SICH, WARUM MAN DICH NICHT ZU SCHÄTZEN WUSSTE, SOLANGE DU DA WARST.
IM NACH-HINEIN SIEHT SOGAR WARREN GAMALIEL HARDING GUT AUS. KANNST DU MIR, ÄH, FOLGEN?
ICH MÖCHTE ES ANDERS MACHEN, SIR.
DU KRIEGST NICHT DIE CHANCE, ES ANDERS ZU MACHEN. EINEN DRECK KRIEGST DU. WEISST DU, WAS DU WIRKLICH KRIEGST?
SIR?

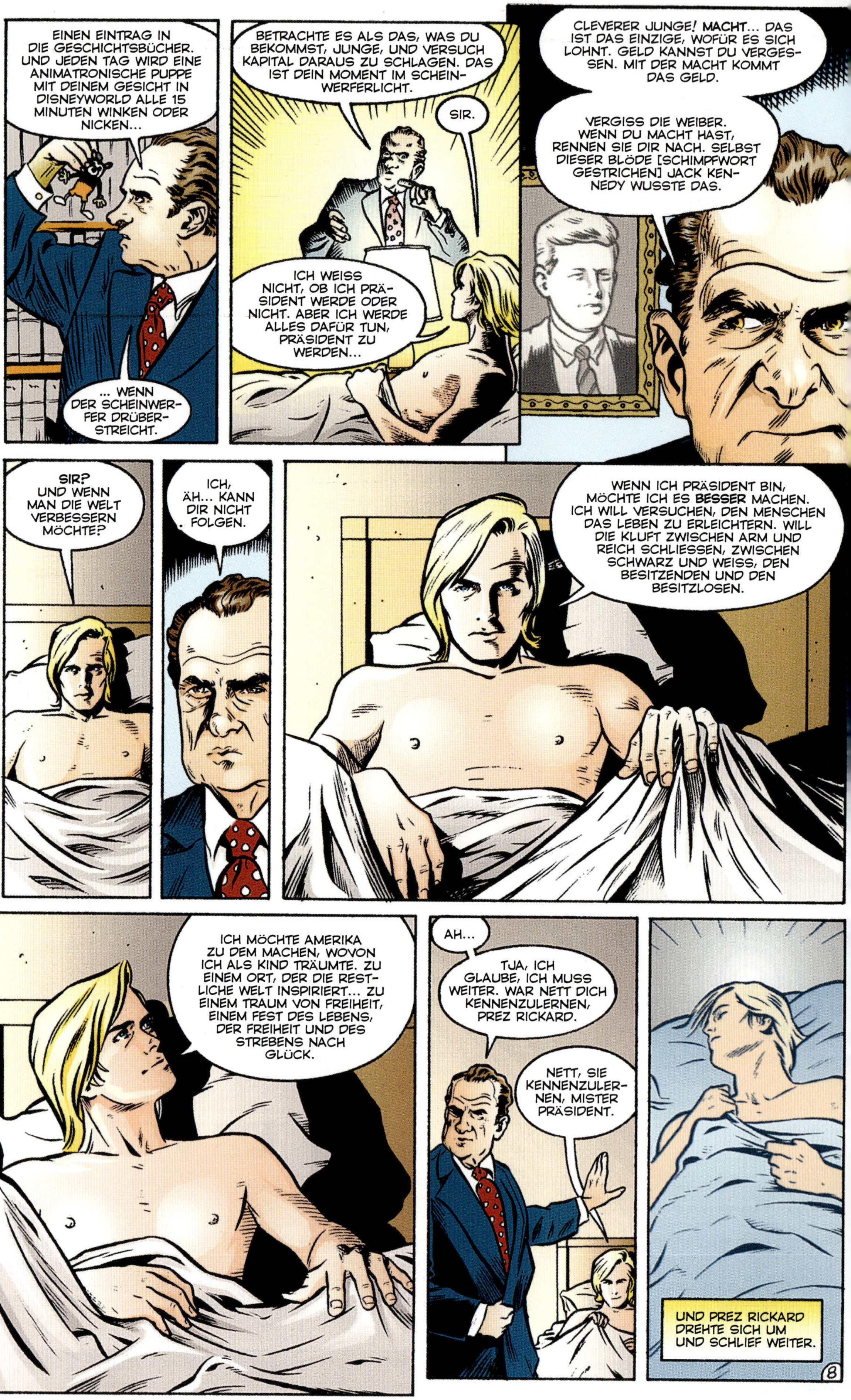

EINEN EINTRAG IN DIE GESCHICHTSBÜCHER. UND JEDEN TAG WIRD EINE ANIMATRONISCHE PUPPE MIT DEINEM GESICHT IN DISNEYWORLD ALLE 15 MINUTEN WINKEN ODER NICKEN...
... WENN DER SCHEINWERFER DRÜBERSTREICHT.
BETRACHTE ES ALS DAS, WAS DU BEKOMMST, JUNGE, UND VERSUCH KAPITAL DARAUS ZU SCHLAGEN. DAS IST DEIN MOMENT IM SCHEINWERFERLICHT.
SIR.
ICH WEISS NICHT, OB ICH PRÄSIDENT WERDE ODER NICHT. ABER ICH WERDE ALLES DAFÜR TUN, PRÄSIDENT ZU WERDEN...
CLEVERER JUNGE! MACHT... DAS IST DAS EINZIGE, WOFÜR ES SICH LOHNT. GELD KANNST DU VERGESSEN. MIT DER MACHT KOMMT DAS GELD.
VERGISS DIE WEIBER. WENN DU MACHT HAST, RENNEN SIE DIR NACH. SELBST DIESER BLÖDE [SCHIMPFWORT GESTRICHEN] JACK KENNEDY WUSSTE DAS.
SIR? UND WENN MAN DIE WELT VERBESSERN MÖCHTE?
ICH, ÄH... KANN DIR NICHT FOLGEN.
WENN ICH PRÄSIDENT BIN, MÖCHTE ICH ES BESSER MACHEN. ICH WILL VERSUCHEN, DEN MENSCHEN DAS LEBEN ZU ERLEICHTERN. WILL DIE KLUFT ZWISCHEN ARM UND REICH SCHLIESSEN, ZWISCHEN SCHWARZ UND WEISS, DEN BESITZENDEN UND DEN BESITZLOSEN.
ICH MÖCHTE AMERIKA ZU DEM MACHEN, WOVON ICH ALS KIND TRÄUMTE. ZU EINEM ORT, DER DIE RESTLICHE WELT INSPIRIERT... ZU EINEM TRAUM VON FREIHEIT, EINEM FEST DES LEBENS, DER FREIHEIT UND DES STREBENS NACH GLÜCK.
AH...
TJA, ICH GLAUBE, ICH MUSS WEITER. WAR NETT DICH KENNENZULERNEN, PREZ RICKARD.
NETT, SIE KENNENZULERNEN, MISTER PRÄSIDENT.
UND PREZ RICKARD DREHTE SICH UM UND SCHLIEF WEITER.

AM WAHLTAG EREIGNETEN SICH WUNDERSAME DINGE.
EIN PAAR AUS NEW HAVEN, CONNECTICUT, BEKAM EIN BABY MIT EINEM MAL IN FORM DER USA AUF DEM RÜCKEN. ES FEHLTEN LEDIGLICH HAWAII UND ALASKA.
WÄHREND EINER VORFÜHRUNG VON HOT TEENAGE LOVE SLUTS IN DER 42. STRASSE WURDE DIE SEXSZENE AUF DEM HÖHEPUNKT VON DEM PAAR ABGEBROCHEN. DAS PAAR ZOG SICH WIEDER AN UND SPIELTE DEM WÜTENDEN PUBLIKUM HIGHLIGHTS AUS "SCHWERE JUNGS, LEICHTE MÄDCHEN" VOR.
IN CAESAR'S PALACE, LAS VEGAS, SCHÜTTETEN ALLE AUTOMATEN GLEICHZEITIG DEN JACKPOT AUS.
AUSSERDEM KONNTEN VIELE BLINDE WIEDER SEHEN, TAUBE WIEDER HÖREN UND EINE UNZAHL ORGANISCHER UND MENTALER KRANKHEITEN, EINIGE DAVON UNHEILBAR, VERSCHWAND SPONTAN UND KEHRTE NICHT ZURÜCK.
5¢
I'M BLIND
UND PREZ RICKARD WURDE DER GEWÄHLTE PRÄSIDENT DER VEREINIGTEN STAATEN VON AMERIKA.
PREZ
USA
DREI MONATE VOR SEINEM ZWANZIGSTEN GEBURTSTAG.

MANCHE WAREN ERSTAUNT, DASS ER EIN GUTER PRÄSIDENT WAR. DASS ER EIN GROSSARTIGER PRÄSIDENT WAR, ÜBERRASCHTE FAST JEDEN.
IM ERSTEN JAHR SEINER AMTSZEIT INITIIERTE ER GESPRÄCHE IM MITTLEREN OSTEN UND WENDETE DIE DROHENDE "ENERGIEKRISE" AB.
NOCH IM SELBEN JAHR SENKTEN DIE GROSSEN MINERALÖLFIRMEN DIE BENZINPREISE.
ER BEGANN SOWOHL DAS HAUSHALTS-DEFIZIT WIE DIE AUSLANDSVERSCHUL-DUNG ABZUBAUEN.
ER WAR GASTGEBER IN EINER FOLGE VON SATURDAY NIGHT LIVE, SIE ERREICHTE DIE HÖCHSTEN EINSCHALTQUOTEN ALLER BISHERIGEN COMEDY SHOWS...
... UND ER TRAT IN EINIGEN SKETCHEN MIT DEN "NOT READY FOR PRIME TIME PLAYERS" AUF.
JOHN BELUSHI BESCHRIEB ES IN SPÄTEREN JAHREN ALS DIE "INSPIRIERENDSTE ERFAHRUNG SEINES LEBENS".
JA? NUN, ICH NEHME AN, PREZ ZEIGTE MIR, DASS MAN NICHT VERSAUT SEIN MUSS, UM NACH OBEN ZU KOMMEN. ICH MEINE, DIESER TYP ARBEITETE ACHTZEHN STUNDEN AM TAG, DAS SCHICKSAL DER FREIEN WELT HING VON IHM AB. UND ER WAR SAUBER, JA? DAS HAT MICH ER-SCHRECKT.
DIE HALTUNG DES PRÄSIDENTEN ZUM RÜSTUNGSWETTLAUF WAR UMSTRITTEN.
ER ERKLÄRTE ES IM INTER-NATIONALEN FERNSEHEN.
IN DIESEM MOMENT HABEN ALLEIN DIE USA GENÜ-GEND NUKLEARWAFFEN, UM DIE ERDE MEHR ALS EINHUNDERTMAL ZERSTÖREN ZU KÖNNEN. WISSEN SIE, ICH FINDE DAS IDIOTISCH.
WIR WERDEN ALSO EINFACH KEINE NUKLEAREN ODER BIOLOGISCHEN WAFFEN MEHR HERSTELLEN.
UND WIR WERDEN EI-NEN SICHERE WEG FINDEN UM DIE, DIE WIR SCHON HABEN, LOS ZUWER-DEN.
ABER HERR PRÄSI-DENT, WAS IST MIT DEN RUSSEN?
DIE RUSSEN HABEN EIGENE PROBLEME. SIE HABEN HUNGER UND SIE HABEN ANGST. WIR SOLLTEN ZUERST VOR DER EIGNEN HAUSTÜR KEHREN.
MAN ZWEIFELTE DARAN, DASS ER DAS GESETZ DURCH DEN KONGRESS BRINGEN WÜRDE. ABER ER SCHAFFTE ES.
PREZ GELANG EINFACH ALLES.
10

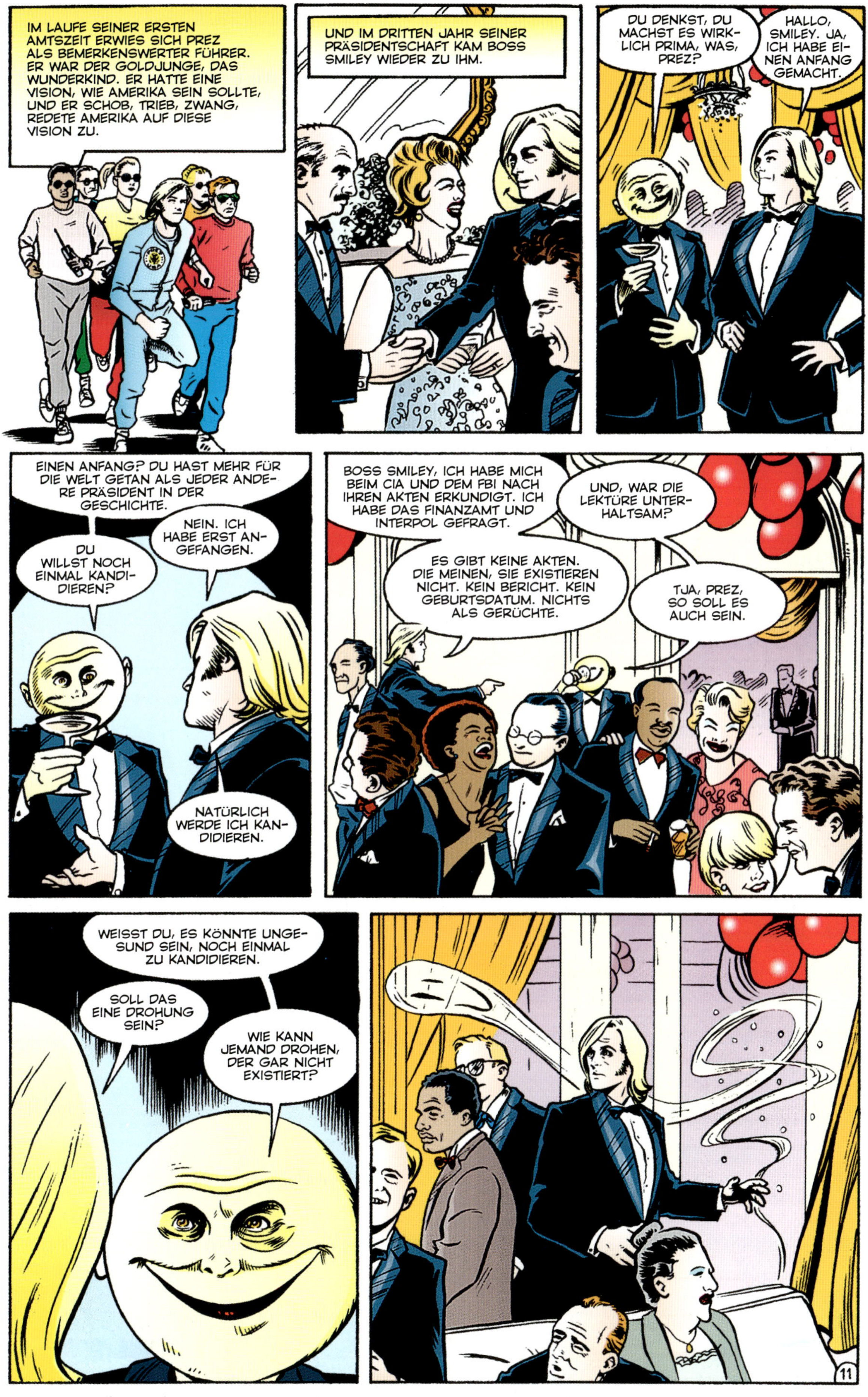
IM LAUFE SEINER ERSTEN AMTSZEIT ERWIES SICH PREZ ALS BEMERKENSWERTER FÜHRER. ER WAR DER GOLDJUNGE, DAS WUNDERKIND. ER HATTE EINE VISION, WIE AMERIKA SEIN SOLLTE, UND ER SCHOB, TRIEB, ZWANG, REDETE AMERIKA AUF DIESE VISION ZU.
UND IM DRITTEN JAHR SEINER PRÄSIDENTSCHAFT KAM BOSS SMILEY WIEDER ZU IHM.
DU DENKST, DU MACHST ES WIRKLICH PRIMA, WAS, PREZ?
HALLO, SMILEY. JA, ICH HABE EINEN ANFANG GEMACHT.
EINEN ANFANG? DU HAST MEHR FÜR DIE WELT GETAN ALS JEDER ANDERE PRÄSIDENT IN DER GESCHICHTE.
NEIN. ICH HABE ERST ANGEFANGEN.
DU WILLST NOCH EINMAL KANDIDIEREN?
NATÜRLICH WERDE ICH KANDIDIEREN.
BOSS SMILEY, ICH HABE MICH BEIM CIA UND DEM FBI NACH IHREN AKTEN ERKUNDIGT. ICH HABE DAS FINANZAMT UND INTERPOL GEFRAGT.
UND, WAR DIE LEKTÜRE UNTERHALTSAM?
ES GIBT KEINE AKTEN. DIE MEINEN, SIE EXISTIEREN NICHT. KEIN BERICHT. KEIN GEBURTSDATUM. NICHTS ALS GERÜCHTE.
TJA, PREZ, SO SOLL ES AUCH SEIN.
WEISST DU, ES KÖNNTE UNGESUND SEIN, NOCH EINMAL ZU KANDIDIEREN.
SOLL DAS EINE DROHUNG SEIN?
WIE KANN JEMAND DROHEN, DER GAR NICHT EXISTIERT?

IM NOVEMBER STELLTEN DIE DEMOKRATEN EINEN ACHTZEHN-JÄHRIGEN FOOTBALL-SPIELER, DIE REPUBLIKANER EINEN ALTERNDEN SCHAUSPIELER AUF.
DER WAHLAUSGANG ÜBERRASCHTE NIEMANDEN.
FOUR MORE YEARS
PREZ
VIELLEICHT HABEN WIR DAS BESTE SYSTEM DER WELT, VIELLEICHT AUCH NICHT. ABER ES IST MIR EIN VERGNÜGEN UND EINE EHRE, IHNEN WEITERE VIER JAHRE DIENEN ZU DÜRFEN.
ICH GLAUBE, ALLMÄHLICH HAB ICH DEN DREH RAUS.
IN DIESEM JAHR ENTWIRRTE ER DAS JAPANISCH-AMERIKANISCHE HANDELSABKOMMEN,
FÜHRTE ER PERSÖNLICH EINE UNTERSUCHUNG ÜBER INDUSTRIELLE UMWELTVERSCHMUTZUNG (WAS ZUR VERHAFTUNG DER DIREKTOREN VON ZWEI DER GRÖSSTEN AMERIKANISCHEN UNTERNEHMEN FÜHRTE),
UND ER ERKLÄRTE, DASS BILDUNG IN AMERIKA OBERSTE PRIORITÄT HABE.
IN DIESEM JAHR FING ER AUCH AN, SICH WIEDER MIT SEINER HIGHSCHOOL-FREUNDIN ZU TREFFEN, AUF HALBOFFIZIELLER BASIS.
PREZ UND KATHY VERLOBTEN SICH AM ENDE DES FOLGENDEN JAHRES BEI EINER PRESSEKONFERENZ IN STOCKHOLM, NACHDEM PREZ ETWAS UNGELENK DEN FRIEDENSNOBELPREIS IN EMPFANG GENOMMEN HATTE.
IN DEN NÄCHSTEN MONATEN WAREN SIE IMMER ZUSAMMEN, MACHTEN ALLES GEMEINSAM. ES WAR EINE LIEBESGESCHICHTE WIE AUS DEM MÄRCHEN.

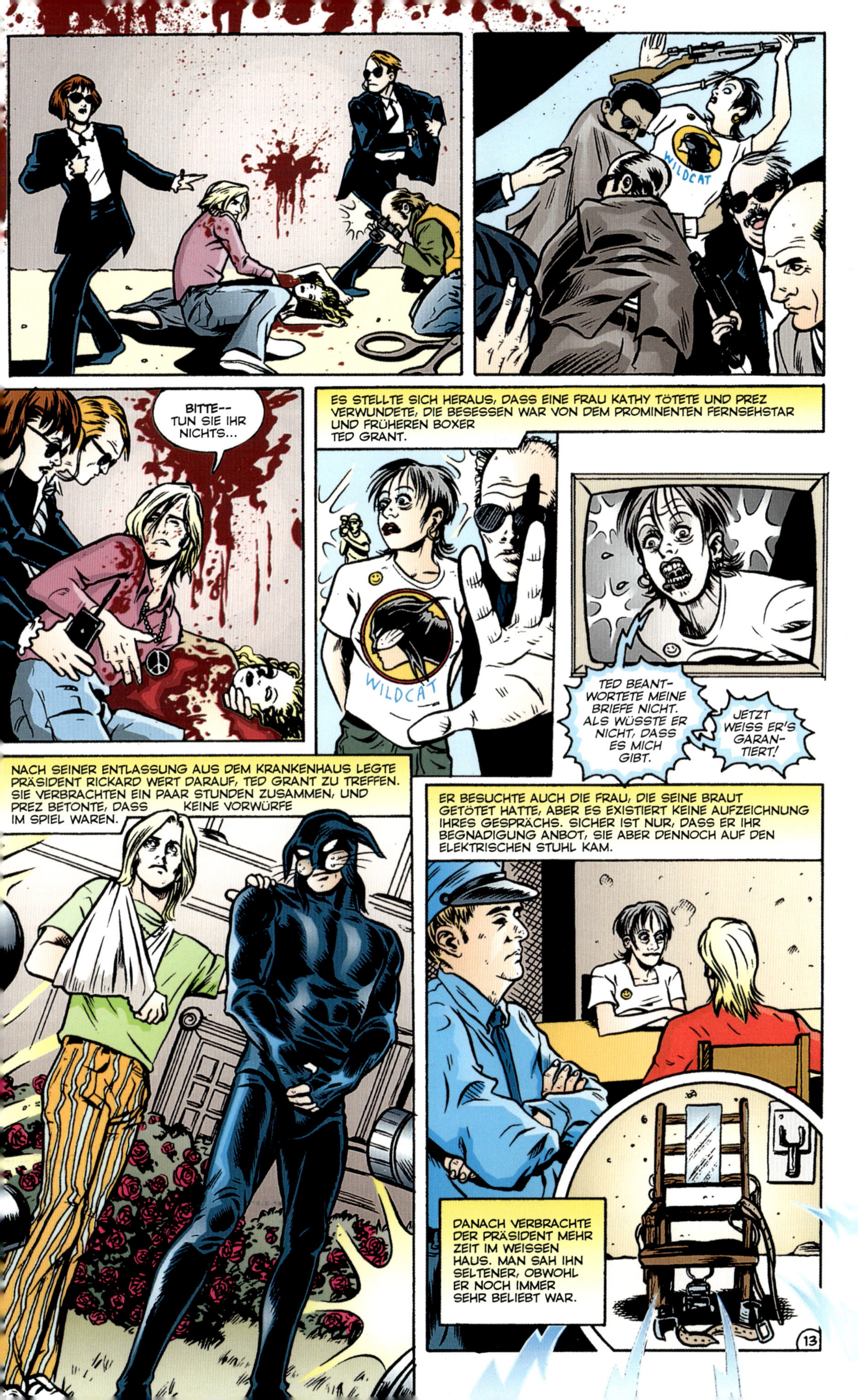
BITTE--
TUN SIE IHR
NICHTS...
ES STELLTE SICH HERAUS, DASS EINE FRAU KATHY TÖTETE UND PREZ VERWUNDETE, DIE BESESSEN WAR VON DEM PROMINENTEN FERNSEHSTAR UND FRÜHEREN BOXER TED GRANT.
WILDCAT
TED BEANTWORTETE MEINE BRIEFE NICHT. ALS WÜSSTE ER NICHT, DASS ES MICH GIBT.
JETZT WEISS ER'S GARANTIERT!
NACH SEINER ENTLASSUNG AUS DEM KRANKENHAUS LEGTE PRÄSIDENT RICKARD WERT DARAUF, TED GRANT ZU TREFFEN. SIE VERBRACHTEN EIN PAAR STUNDEN ZUSAMMEN, UND PREZ BETONTE, DASS KEINE VORWÜRFE IM SPIEL WAREN.
ER BESUCHTE AUCH DIE FRAU, DIE SEINE BRAUT GETÖTET HATTE, ABER ES EXISTIERT KEINE AUFZEICHNUNG IHRES GESPRÄCHS. SICHER IST NUR, DASS ER IHR BEGNADIGUNG ANBOT, SIE ABER DENNOCH AUF DEN ELEKTRISCHEN STUHL KAM.
DANACH VERBRACHTE DER PRÄSIDENT MEHR ZEIT IM WEISSEN HAUS. MAN SAH IHN SELTENER, OBWOHL ER NOCH IMMER SEHR BELIEBT WAR.

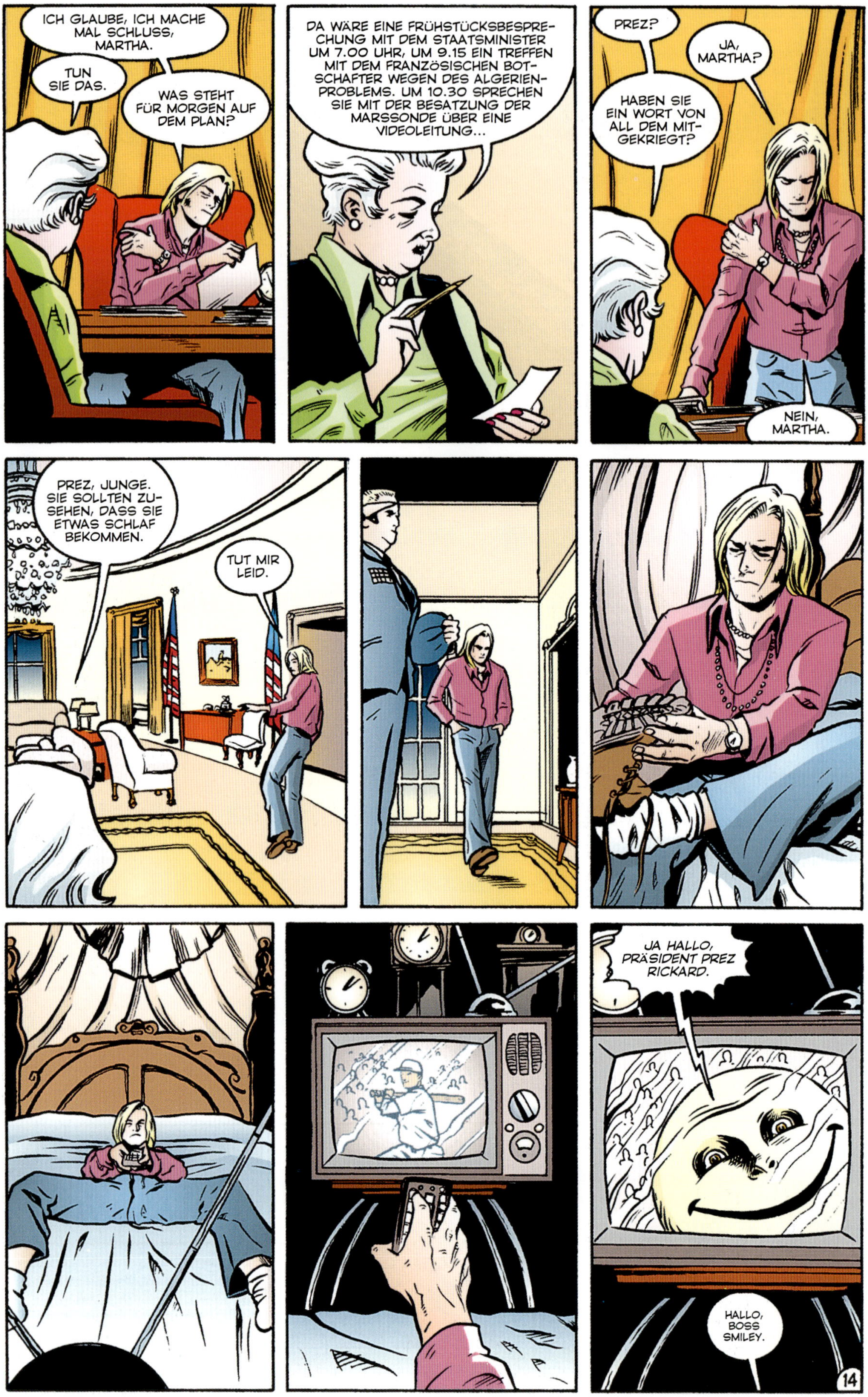
ICH GLAUBE, ICH MACHE MAL SCHLUSS, MARTHA.
TUN SIE DAS.
WAS STEHT FÜR MORGEN AUF DEM PLAN?
DA WÄRE EINE FRÜHSTÜCKSBESPRECHUNG MIT DEM STAATSMINISTER UM 7.00 UHR, UM 9.15 EIN TREFFEN MIT DEM FRANZÖSISCHEN BOTSCHAFTER WEGEN DES ALGERIENPROBLEMS. UM 10.30 SPRECHEN SIE MIT DER BESATZUNG DER MARSSONDE ÜBER EINE VIDEOLEITUNG...
PREZ?
JA, MARTHA?
HABEN SIE EIN WORT VON ALL DEM MITGEKRIEGT?
NEIN, MARTHA.
PREZ, JUNGE. SIE SOLLTEN ZUSEHEN, DASS SIE ETWAS SCHLAF BEKOMMEN.
TUT MIR LEID.
JA HALLO, PRÄSIDENT PREZ RICKARD.
HALLO, BOSS SMILEY.
14

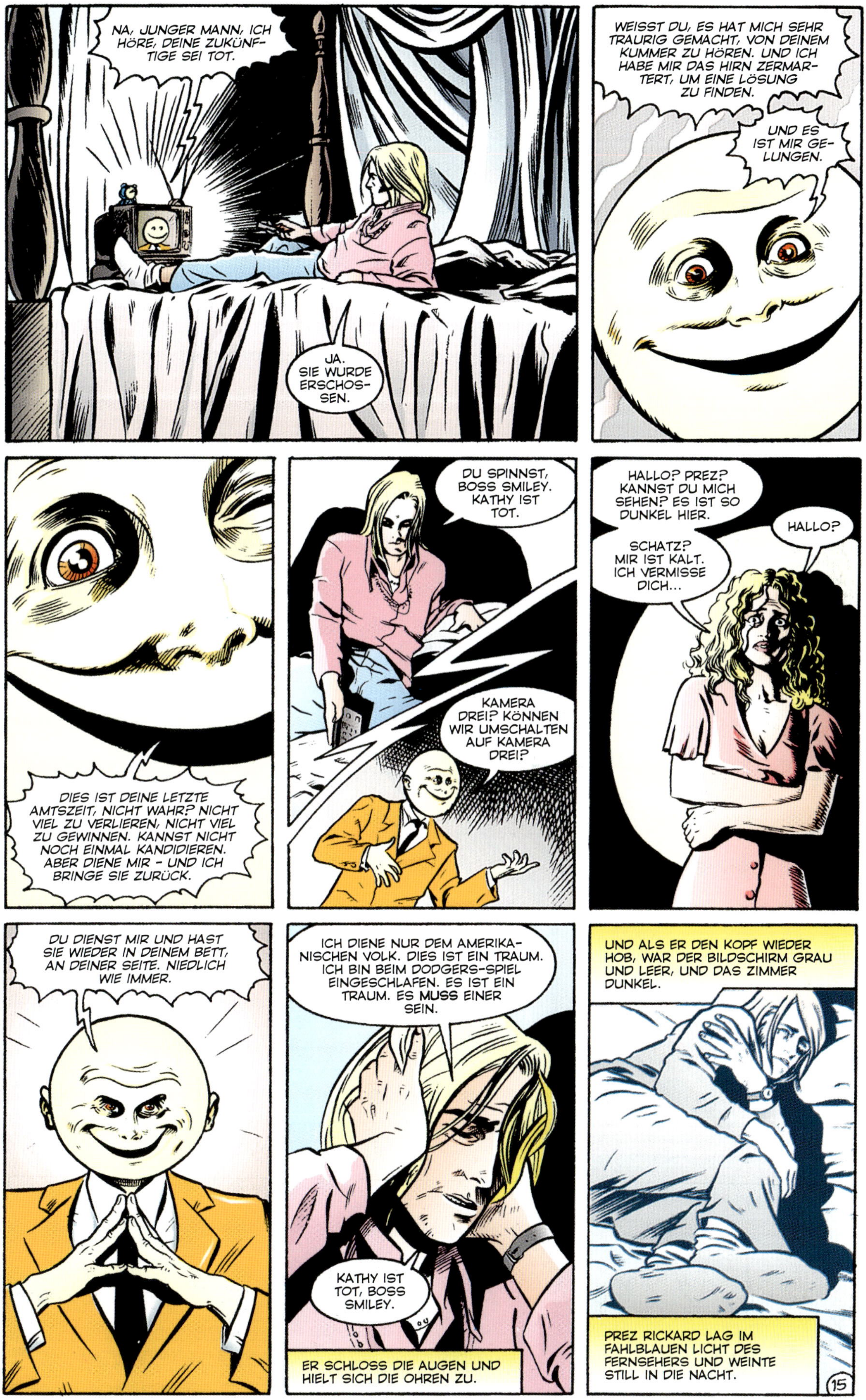

NA, JUNGER MANN, ICH HÖRE, DEINE ZUKÜNFTIGE SEI TOT.
JA. SIE WURDE ERSCHOSSEN.
WEISST DU, ES HAT MICH SEHR TRAURIG GEMACHT, VON DEINEM KUMMER ZU HÖREN. UND ICH HABE MIR DAS HIRN ZERMARTERT, UM EINE LÖSUNG ZU FINDEN.
UND ES IST MIR GELUNGEN.
DIES IST DEINE LETZTE AMTSZEIT, NICHT WAHR? NICHT VIEL ZU VERLIEREN, NICHT VIEL ZU GEWINNEN. KANNST NICHT NOCH EINMAL KANDIDIEREN. ABER DIENE MIR – UND ICH BRINGE SIE ZURÜCK.
DU SPINNST, BOSS SMILEY. KATHY IST TOT.
KAMERA DREI? KÖNNEN WIR UMSCHALTEN AUF KAMERA DREI?
HALLO? PREZ? KANNST DU MICH SEHEN? ES IST SO DUNKEL HIER.
HALLO?
SCHATZ? MIR IST KALT. ICH VERMISSE DICH...
DU DIENST MIR UND HAST SIE WIEDER IN DEINEM BETT, AN DEINER SEITE. NIEDLICH WIE IMMER.
ICH DIENE NUR DEM AMERIKANISCHEN VOLK. DIES IST EIN TRAUM. ICH BIN BEIM DODGERS-SPIEL EINGESCHLAFEN. ES IST EIN TRAUM. ES **MUSS** EINER SEIN.
KATHY IST TOT, BOSS SMILEY.
ER SCHLOSS DIE AUGEN UND HIELT SICH DIE OHREN ZU.
UND ALS ER DEN KOPF WIEDER HOB, WAR DER BILDSCHIRM GRAU UND LEER, UND DAS ZIMMER DUNKEL.
PREZ RICKARD LAG IM FAHLBLAUEN LICHT DES FERNSEHERS UND WEINTE STILL IN DIE NACHT.

DIE ZWEITE AMTSZEIT ENDETE RUHIG.
MACH WEITER, PREZ !
AMERIKA BRAUCHT PREZ !
WIR LIEBEN DICH!
PREZ-
DA WAREN JENE, DIE EINE GESETZESÄNDERUNG VORSCHLUGEN, UM PREZ EINE DRITTE KANDIDATUR ZU ERMÖGLICHEN, ANDERE DAGEGEN LEGTEN NAHE, IHN ZUM PRÄSIDENTEN AUF LEBENSZEIT ZU MACHEN.
PREZ FOREVER!
ES GAB SOGAR EINE KAMPAGNE, AUSGEHEND VON SAN FRANCISCO, DIE PREZ RICKARD ZUM "KAISER DER VEREINIGTEN STAATEN" ERKLÄREN WOLLTE, ABER DIE MEISTEN LEUTE BETRACHTETEN DAS ZU RECHT ALS EINE ART WITZ.
PREZ
PREZ! GEH NICHT!
DIE WAHLBETEILIGUNG IM NOVEMBER WAR AUFFALLEND NIEDRIG. DIE LEUTE HATTEN DAS GEFÜHL, DASS SIE GAR NICHT WÄHLEN WOLLTEN, WENN SIE NICHT PREZ WÄHLEN KONNTEN.
EIN NEUER PRÄSIDENT WURDE VEREIDIGT, UND PREZ RICKARD ZOG SICH NACH STEADFAST ZURÜCK.
ER LEBTE ALLEIN AUF EINEM KLEINEN ANWESEN. DORT VERBRACHTE ER SEINE TAGE IN ABGESCHIEDENHEIT UND REPARIERTE UHREN ALLER ART.
ER LEHNTE AUFSICHTSRATSPOSTEN IN VERSCHIEDENEN FIRMEN, EINLADUNGEN ZUM GOLF ODER DEN VORSCHLAG, SEINE MEMOIREN ZU SCHREIBEN, AB.
ES WAR NICHT MEHR ALLES GOLD IN AMERIKA.
ES WAR NICHT SO, DASS ALLES SCHLECHT WURDE. ES WAR NUR SO, DASS ES NICHT MEHR SO **RICHTIG** GUT LIEF.
ES HIESS, DER NEUE PRÄSIDENT SCHICKTE IHM BOTEN, DIE FRAGTEN, OB ER AUS DEM RUHESTAND ZURÜCKKÄME, ODER RATSCHLÄGE GÄBE ODER HILFE ODER UNTERSTÜTZUNG.
PREZ EMPFING SIE WOHLWOLLEND UND SERVIERTE KAFFEE.

NEIN? DANN LASSEN SIE ES MICH ANDERS SAGEN.
IM WEISSEN HAUS GIBT ES DAS FELL EINES TIGERS, DEN TEDDY ROOSEVELT VOR VIELEN JAHREN ERLEGTE. DIE MÄCHTIGEN LAUFEN JEDEN TAG ÜBER DAS FELL. ES HÖRT ALLE GEHEIMNISSE UND WIE POLITIK GEMACHT WIRD.
WAS GLAUBEN SIE, MÖCHTE DER TIGER LIEBER TOT SEIN UND AM SITZ DER MACHT, ODER SICH LEBENDIG IM INDISCHEN DSCHUNGEL DEN WIND UM DIE NASE WEHEN LASSEN?
"ER WÄRE LIEBER LEBENDIG", SAGTEN SIE.
"GENAU WIE ICH", SAGTE PREZ RICKARD UND SCHICKTE SIE WEG.
KURZE ZEIT SPÄTER VERLIESS PREZ SEIN GUT IN STEADFAST. ER SAGTE NIEMANDEM, DASS UND WOHIN ER GING.
ICH WEISS NICHT, WO ER IST. UND WENN ICH'S WÜSSTE, WÜRD ICH'S NICHT SAGEN.
ICH WEISS NICHTS.
EIN TRUCKFAHRER BERICHTETE, DASS ER EINEN TRAMPENDEN PREZ IN PORTLAND, OREGON, AUFGELESEN UND NACH BILLINGS, MONTANA, MITGENOMMEN HATTE. SIE HATTEN DIE GANZE ZEIT ÜBER BASEBALL UND ALTE FERNSEHSHOWS GEREDET.
EINE KELLNERIN AUS SHREVEPORT, LOUISIANA, BEHAUPTETE, SIE HÄTTE EIN KIND VON PREZ.
EIN BLUTTEST JEDOCH, ANGEORDNET VON DER FERNSEHSHOW, VON DER SIE EINE HALBE MILLION DOLLAR FÜR IHRE GESCHICHTE VERLANGTE, WIDERLEGTE IHRE BEHAUPTUNG.
PREZ VON ALIENS ENTFÜHRT?
EX-PRÄSIDENT EIN GAMMLER?
PREZ BRICHT DAS SCHWEIGEN
HELLSEHER VERLANGT 5 MILLIONEN
PREZ WURDE EBENSO HÄUFIG GESICHTET WIE ELVIS. EINE EXTRA-AUSGABE DER WEEKLY WORLD NEWS MUTMASSTE GAR, DASS DIE BEIDEN ZUSAMMENARBEITETEN UND VERBRECHER BEKÄMPFTEN, OBWOHL ES KEINERLEI BEWEISE GAB.
ES GAB NOCH ANDERE GERÜCHTE UND GESCHICHTEN IN ALL DEN JAHREN, GESCHICHTEN VON MIRAKELN UND WUNDERN.

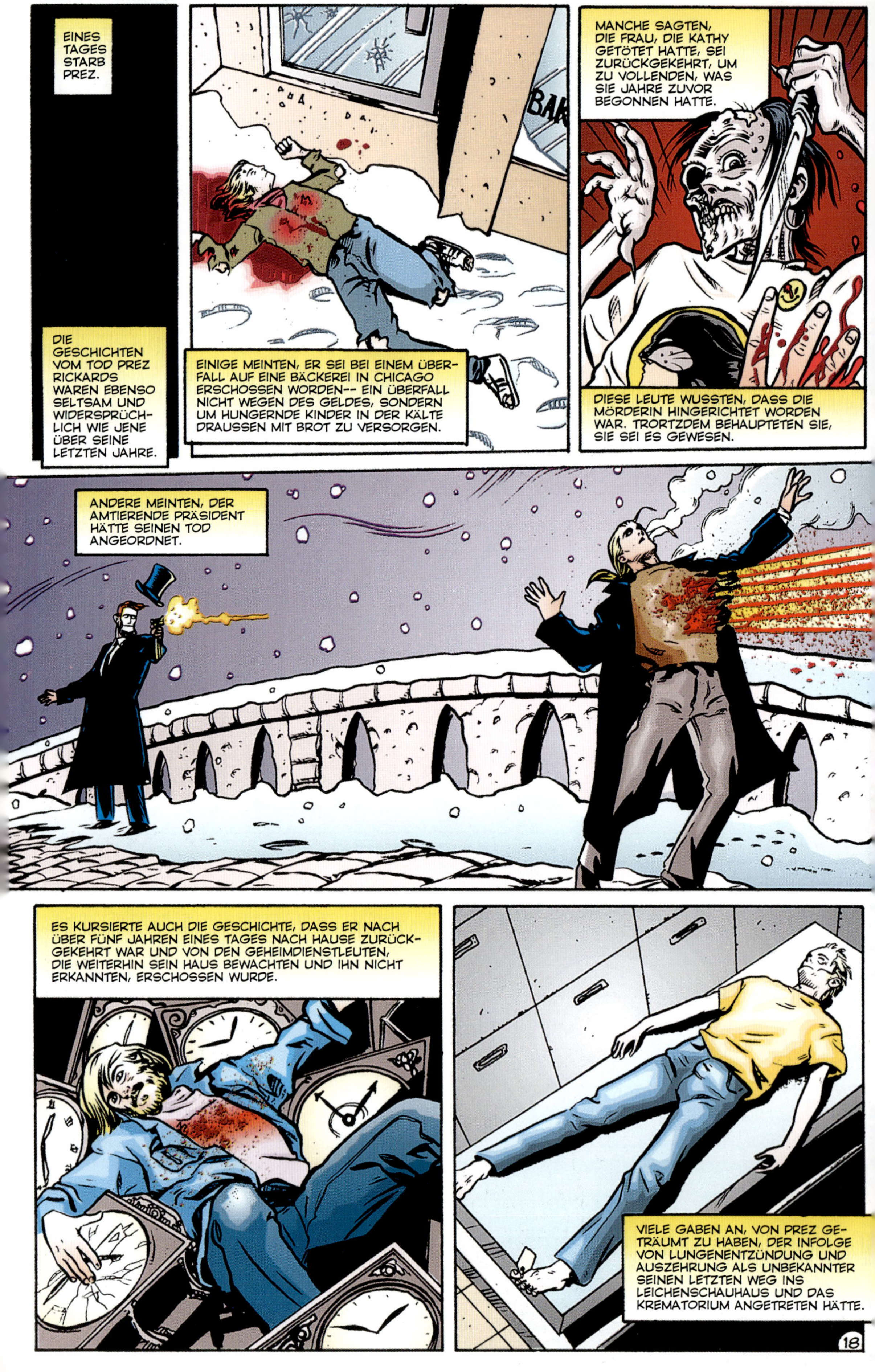
EINES TAGES STARB PREZ.
DIE GESCHICHTEN VOM TOD PREZ RICKARDS WAREN EBENSO SELTSAM UND WIDERSPRÜCHLICH WIE JENE ÜBER SEINE LETZTEN JAHRE.
BAK
EINIGE MEINTEN, ER SEI BEI EINEM ÜBERFALL AUF EINE BÄCKEREI IN CHICAGO ERSCHOSSEN WORDEN-- EIN ÜBERFALL NICHT WEGEN DES GELDES, SONDERN UM HUNGERNDE KINDER IN DER KÄLTE DRAUSSEN MIT BROT ZU VERSORGEN.
MANCHE SAGTEN, DIE FRAU, DIE KATHY GETÖTET HATTE, SEI ZURÜCKGEKEHRT, UM ZU VOLLENDEN, WAS SIE JAHRE ZUVOR BEGONNEN HATTE.
DIESE LEUTE WUSSTEN, DASS DIE MÖRDERIN HINGERICHTET WORDEN WAR. TRORTZDEM BEHAUPTETEN SIE, SIE SEI ES GEWESEN.
ANDERE MEINTEN, DER AMTIERENDE PRÄSIDENT HÄTTE SEINEN TOD ANGEORDNET.
ES KURSIERTE AUCH DIE GESCHICHTE, DASS ER NACH ÜBER FÜNF JAHREN EINES TAGES NACH HAUSE ZURÜCKGEKEHRT WAR UND VON DEN GEHEIMDIENSTLEUTEN, DIE WEITERHIN SEIN HAUS BEWACHTEN UND IHN NICHT ERKANNTEN, ERSCHOSSEN WURDE.
VIELE GABEN AN, VON PREZ GETRÄUMT ZU HABEN, DER INFOLGE VON LUNGENENTZÜNDUNG UND AUSZEHRUNG ALS UNBEKANNTER SEINEN LETZTEN WEG INS LEICHENSCHAUHAUS UND DAS KREMATORIUM ANGETRETEN HÄTTE.

WIE ER STARB, BEDEUTETE WENIG. OHNE JEDEN ZWEIFEL WAR JEDOCH ALLER WELT KLAR, DASS ER GESTORBEN WAR.
NICHTS DAVON STAND IN DER ZEITUNG, KEIN WORT IM FERNSEHEN.
UND DOCH WEHTEN IN AMERIKA DIE FLAGGEN AUF HALBMAST, UND DIE LEUTE SPRACHEN IN GEDÄMPFTEM TON.
VON PREZ RICKARD WURDE NICHT MEHR IN DER GEGENWARTSFORM GESPROCHEN.
SCHWARZE ARMBINDEN WURDEN ALLGEGENWÄRTIG, UND FRAGTE MAN JEMANDEN, WARUM ER SIE TRUG, HIESS ES: "FÜR PREZ", OBWOHL NIEMAND MIT BESTIMMTHEIT SAGEN KONNTE, WOHER ER WUSSTE, DASS ER TOT WAR.
SALE
UND DIE WELT DREHTE SICH WEITER.
WAS FOLGT, SIND NUR GERÜCHTE, EINE FRAGE PERSÖNLICHEN GLAUBENS UND DER OFFENBARUNG.
NEHMEN WIR AN, PREZ RICKARD GESCHAH NACH SEINEM TODE DAS, WAS **ICH** GLAUBE.
HI PREZ.
ÄH... HALLO.
SIND WIR UNS SCHON BEGEGNET?
EINMAL.
AH. TUT MIR LEID. ICH HABE SO VIELE LEUTE GETROFFEN...
ICH AUCH. ABER ICH ERINNERE MICH AN DICH.
HÖR MAL. KANN SEIN, DASS DAS EINE BLÖDE FRAGE IST, ABER BIN ICH...?
MH-HMM. WIE EIN DODO.
WOW.

UND WAS PASSIERT JETZT?
JE NACHDEM. KOMMT DRAUF AN, WER DU BIST.
UND DU ERFÄHRST NIE, WAS ANDEREN PASSIERT.
ABER DU...
NA, DU BIST IMMERHIN EINE ART SPEZIALFALL.
WAS SOLL DAS HEISSEN?
NUN...
ES WARTET JEMAND DARAUF, MIT DIR ZU SPRECHEN. DIESE LEUTE DA DRÜBEN WERDEN DICH ZU IHM BRINGEN.
EIN UHRMA-CHER?
WOW. ES GIBT ALSO WIRKLICH EINEN UHRMACHER, HM?
DAS HAT MAN MIR MAL IN DER SCHULE ERZÄHLT.
ICH HAB'S NIE VERGESSEN.
WENN MAN IN DER WÜSTE EINE UHR FINDET, NIMMT MAN AUCH NICHT AN, DASS SIE SPONTAN ENTSTANDEN IST. MAN DENKT, DASS JEMAND SIE GEMACHT HAT. DASS ES EINEN UHRMACHER GIBT.
UND WENN DIE UHR STEHEN BLEIBT, REPARIERT MAN SIE.
ICH GLAUBE NICHT, DASS DER TYP DIE UHR GEMACHT HAT, PREZ. ER LEITET NUR DIE HIESIGE ZWEIGSTELLE.
DU WIRST ES ERFAHREN.
HEY, VIEL GLÜCK. ICH HABE DAS GEFÜHL... VIELLEICHT SOLLTE ICH...
NA, MACHT NICHTS. ALLES GUTE, PREZ.
DANKE, MA'AM.
20

HALLO, PREZ RICKARD.
SIE?
GUT GEMACHT, MEIN TREUER UND ERGEBENER DIENER.
ICH HABE NIE FÜR SIE GEARBEITET.
ABER NATÜRLICH HAST DU DAS.
DU WURDEST ALSO PRÄSIDENT. DU HAST DEINE ZWEI AMTSZEITEN ABSOLVIERT UND SCHLUSS. JETZT HEISST ES "BUSINESS AS USUAL".
DU HAST DIE WELT VERLASSEN. DU WIRST EINE MYTHISCHE PERSON, PREZ. DU BIST SCHON DAS SYMBOL EINER BESSEREN ZEIT.
UND TOT BIST DU OBENDREIN. UM PRÄSIDENT ZU SEIN, MUSS MAN LEBEN, SAGEN DIE REGELN.
UND WER SIND SIE? GOTT? ODER DER TEUFEL?
EINFACH BOSS SMILEY. ICH BETREIBE DEINE WELT.
DAS MÄDCHEN HATTE ALSO RECHT. SIE SIND **NICHT** DER UHRMACHER.
SCHÖN WÄR'S.
UND KATHY?
SIE IST... NICHT MEHR HIER. SIE GING FORT.
ES GIBT ALSO ANDERE WELTEN?
ICH GLAUBE, JA. ABER **DIESE** IST DIE EINZIGE VON BEDEUTUNG.

UND ANDERE AMERIKAS?
ICH GLAUBE, DAS VERSTEHT SICH VON SELBST. JETZT, PREZ RICKARD, LASS UNS ÜBER WICHTIGERES REDEN. FÜR DEN ANFANG, DENKE ICH, SOLLTEST DU ZU MEINER RECHTEN SITZEN UND LOBLIEDER SINGEN. HOSIANNA. GLORIA IN EXCELSIS.
BESTIMMT HAST DU'S BALD RAUS.
ES GIBT ALSO EINE GANZE WÜSTE VOLLER KAPUTTER UHREN?
BOSS SMILEY, ICH GLAUBE KAUM, DASS ICH BLEIBE UND HOSIANNA SINGE. ICH DENKE, ICH WERDE MIR AMERIKAS ANSEHEN.
BESTIMMT BRAUCHT EINS EINEN PREZ. BESTIMMT BRAUCHT EINS 'NE REPARATUR.
DU GEHST NIRGENDS HIN. DU BIST TOT. DU GEHÖRST MIR.
Er darf gehen, wohin er möchte.
DIES IST MEINE WELT. ICH REGIERE HIER. DU HAST HIER KEINE MACHT. VERSCHWINDE... SOFORT!
SIR? WER SIND SIE?
Jemand, der Geschichten mag.
ICH BIN DER HERR DIESER WELT.
Und ich bin der Herr der Geschichten. Der Junge fällt in meine Zuständigkeit.
Komm mit mir, Prez Rickard.
ICH WERDE...
... EUCH BEIDE VERNICHTEN!
KOMMT SOFORT ZURÜCK!

ER SAGTE, ER WÜRDE SIE VERNICHTEN. ICH HOFFE, ICH VERURSACHE KEINE UNGE-LEGENHEITEN.
Er ist nicht der Erste, der mir droht. Aber ich fürchte ihn nicht. Und du stehst unter meinem Schutz.
Mach dir keine Sorgen.
ICH ÄH... SCHULDE ICH IHNEN ETWAS, SIR?
Meiner Schwester schuldest du Dank. Sie machte mich auf dich aufmerksam. Mir schuldest du nichts.
Das Tor bringt dich dorthin, wohin du gehen musst.
SIR?
Ja, junger Mann?
ICH...
ICH ERINNERE MICH NICHT AN MEINEN VATER. WENN ICH AN IHN DENKE, SEHE ICH SEINE TASCHENUHR VOR MIR, EINE GEWALTIGE, SILBERNE REPETIERUHR MIT STUNDEN- UND HALBSTUNDENGELÄUT. ER HINTERLIESS SIE MIR, ALS ER STARB. ICH WAR VIER.
SIE GING ABER NICHT.
ALS ICH ACHT WAR, HOLTE ICH MIR EIN BUCH ÜBER UHRENHERSTEL-LUNG AUS DER BÜCHEREI.
ES GAB EINE MENGE WERKZEUGE, DIE ICH BRAUCHTE, ABER NICHT HATTE. SECHS MONATE LANG SPARTE ICH MEIN TASCHENGELD UND TRUG ZEITUNGEN AUS, UM DAS GELD FÜR GEBRAUCHTE UHR-MACHERWERKZEUGE ZUSAMMENZU-BRINGEN.
ICH WAGTE ES NICHT, MIT SEINER UHR ANZUFANGEN. STATTDESSEN ÜBTE ICH AN EINER ALTEN UHR... HABE SIE EIN DUTZEND MAL AUS-EINANDERGENOMMEN UND WIEDER ZUSAMMEN-GESETZT.
UND DANN REPARIERTE ICH EINES TA-GES DADS ALTE UHR. SEITDEM IST SIE IMMER GUT GELAUFEN. UND ICH MUSSTE MICH NACH AN-DEREN UHREN ZUM REPARIE-REN UMSE-HEN...
23

SIR? BITTE NEHMEN SIE DAS.
UND PREZ RICKARD DURCHSCHRITT DREAMS TÜR, FORT VON BOSS SMILEYS HIMMEL UND DURCH WELTEN HINDURCH.
"MANCHE GLAUBEN, DASS ER IMMER NOCH ZWISCHEN DEN WELTEN WANDERT, VON AMERIKA ZU AMERIKA REIST, UM DEN HILFLOSEN ZU HELFEN UND DEN SCHWACHEN SCHUTZ ZU BIETEN."
ANDERE SAGEN, DASS ER DARAUF WARTET, WIEDERGEBOREN ZU WERDEN UND DASS ER DIESMAL NICHT NUR **EIN** AMERIKA AUFSUCHEN WIRD, SONDERN **ALLE**.
UND **ICH** DURCHQUERE DIE WELTEN, FOLGE IHM, SUCHE IHN, GEHE VORAUS...
VERBREITE SEIN WORT.
UND WENN ER ZURÜCKKOMMT...
... WANN UND WOHIN AUCH IMMER...
... WERDE ICH WARTEN.
GUTE NACHT.

ÄH, ENT-SCHULDIGUNG, ÄHM...
JA?
ICH WAR OBEN. BIN WIEDER DA.
DAS SEHE ICH.
DA WAR EIN... ORIENTALE OBEN.
DAS GLAUBE ICH GERN.
ERST KONNTE ICH DIE VERDAMMTE TREPPE NICHT FINDEN.
DAS INNERE DIESES GASTHAUSES KANN VERWIRREND SEIN, WENN MAN NICHT DARAN GEWÖHNT IST.
WAS SIE NICHT SAGEN.
HALLO, MISTER KLAPROTH.
EINFACH KLAPROTH, BRANT TUCKER. KEINE FLOSKELN. SO IST ES BEI UNS ZU HAUSE BRAUCH.
RICHTIG. PARDON.
EINS... ZWEI... DREI... VIER... FÜNF...
BUDOOOM

HALLO BRANT. GUT GESCHLAFEN?
GLAUB SCHON. HAB ICH WAS VERPASST?
EIN PAAR GESCHICHTEN.
NA, ICH HÖRTE EINE KOMISCHE ÜBER EINEN PRÄSIDENTEN. ICH ERZÄHL'S DIR SPÄTER.
HAST DU DENN SCHON EINE ERZÄHLT?
ICH? NEIN...
NEIN.
NOCH NICHT.
DER STURM TOBT NOCH IMMER. HAST DU DEN LETZTEN DONNER GEHÖRT? ERINNERT MICH AN DIE ALTE KINDERGESCHICHTE, DASS GOTT WÜTEND IST.
UND WER IST DER NÄCHSTE?
ICH WILL MICH NICHT AUFDRÄNGEN, WÜRDE ES ABER ALS BESONDERE EHRE BETRACHTEN, MEINE GESCHICHTE ZU ERZÄHLEN – FALLS MEISTER KLAPROTH GESTATTET.
WARUM SOLLTE ICH ES NICHT GESTATTEN?
WEIL ES EINE **WAHRE** GESCHICHTE IST, MEISTER. UND WEIL **SIE** DARIN VORKOMMEN.
HE, KLAPROTH. ICH DACHTE, DA WO SIE HERKOMMEN, GÄBE ES KEINE HÖFLICHKEITSFLOSKELN.
DAS IST KEINE FLOSKEL. PETREFAX UND KYRIELLE UND EUCRASIA REISEN UNTER MEINER AUFSICHT: ICH **BIN** IHR MEISTER.
FANG AN, PETREFAX.
Leichentücher

"VOM FENSTER MEINES KLASSENZIMMERS AUS KONNTE MAN DAS GANZE WESTLICHE LITHARGIA SEHEN.
AN HEISSEN SOMMERNACHMITTAGEN STARRTE ICH HINAUS AUF DIE NEKROPOLIS UND DACHTE ÜBER DIE WELT HINTER DEN BERGEN NACH.
ICH TRÄUMTE VON FREMDEN LEUTEN, FREMDEN ORTEN, FREMDEN LÄNDERN...
PETREFAX!
PETREFAX, HAST DU EIN WORT VON DEM GEHÖRT, WAS ICH SAGTE?
ICH, SIR? OH JA, SIR.
HÄTTEST DU DANN VIELLEICHT DIE GÜTE, UNS ALLEN DIE FÜNF ANERKANNTEN METHODEN DER KÖRPERBESEITIGUNG MIT IHREN VARIANTEN AUFZUZÄHLEN?
OH. JA, SIR. SELBSTVERSTÄNDLICH.
NUN?
ICH WARTE.
INK
3

ÖH, ERSTENS: ERDBESTATTUNG ODER BEGRÄB-NIS.
VARIANTEN SIND EINGESARGT, UMWICKELT ODER NACKT; BALSAMIERT UND SO WEITER; LIEGEND, SITZEND ODER STEHEND; GRAB, GRUFT, GEWÖLBE ODER HÜGEL.
ZWEITENS: BESEITIGUNG DURCH FEUER. VARIANTEN: BEKLEIDET, EINGESARGT, SCHEITERHAUFEN, FAHRZEUG ODER SCHIFF. DIE ASCHE KANN DURCH VERSCHIEDENE MASSNAHMEN BESEITIGT WERDEN.
DRITTENS: MUMIFIZIERUNG. VARIANTEN: EINSALZEN, MINERALBAD, DEHYDRIERUNG. DANN DIE SACHE MIT PECH UND BITUMEN UND...
JA, JA. VIERTENS?
VIERTENS: BESEITIGUNG DURCH WASSER. VARIANTEN SIND VERFÜTTERN AN FISCHE UND WASSERGETIER; BESEITIGUNG IN HEILIGEN FLÜSSEN ODER SEEN, VERPACKT, STEINBESCHWERT, ZERSTÜCKELT...
FÜNFTENS. ÄHM, ÄH...
JA, UND FÜNFTENS?
DAS, ÄH, FÜNFTE, JA.
ÄH.
PETREFAX? WIR WARTEN...
LUFTBESTATTUNG, SIR. VARIANTEN SIND ZERSTÜCKELUNG UND SO WEITER; VERFÜTTERN AN RAUBVÖGEL ODER AASFRESSER; KOMPLETT ODER TEILWEISE.
SEHR SCHÖN.

UND DA ICH SEHE, DASS DIE ARBEIT DIR LEICHTFÄLLT, WIRD ES WOHL KEIN PROBLEM FÜR DICH SEIN, EIN REFERAT ÜBER DIE LUFT-BESTATTUNG HEUTE ABEND ZU VERFASSEN.
MORGEN KANNST DU UNS ALLES DARÜBER BERICHTEN.
ER WAR GANZ SCHÖN SAUER HEUTE, WAS, LYSTRA?
KLAPROTH IST IMMER SO, POLYCARP.
DANN KOMMST DU HEUTE ABEND NICHT MIT UNS RUNTER IN DIE GRUFT?
DU HAST KLAPROTH DOCH GEHÖRT. ICH MUSS ZU DER LUFTBESTATTUNG. ICH WUSSTE NICHT MAL, DASS EINE STATTFINDET. UND WO...
PETREFAX!
JA, SIR?
TRÖDEL DA NICHT RUM! DU HAST KEINE ZEIT ZU VERLIE-REN. DIE TRAUER-FEIER FINDET AM MOUNT CALAMON STATT. SIE BE-GINNT, WENN DIE GROSSE GLOCKE SECHS SCHLÄGT.
SECHS? ABER ES IST SCHON FAST FÜNF...
VIEL SPASS BEIM RENNEN.
GRÜSS DIE GEIER VON UNS, PETREFAX!

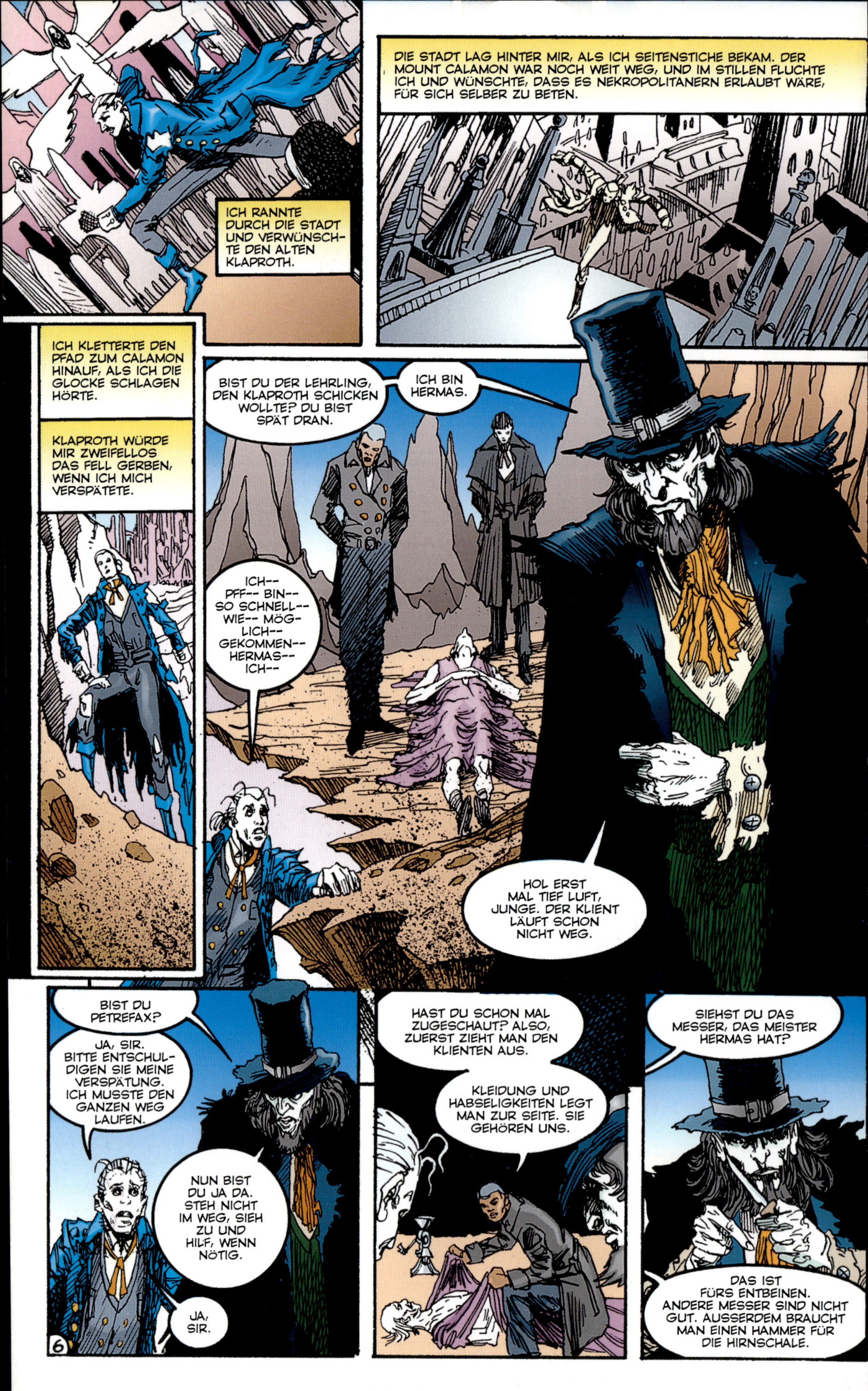
ICH RANNTE DURCH DIE STADT UND VERWÜNSCHTE DEN ALTEN KLAPROTH.
DIE STADT LAG HINTER MIR, ALS ICH SEITENSTICHE BEKAM. DER MOUNT CALAMON WAR NOCH WEIT WEG, UND IM STILLEN FLUCHTE ICH UND WÜNSCHTE, DASS ES NEKROPOLITANERN ERLAUBT WÄRE, FÜR SICH SELBER ZU BETEN.
ICH KLETTERTE DEN PFAD ZUM CALAMON HINAUF, ALS ICH DIE GLOCKE SCHLAGEN HÖRTE.
KLAPROTH WÜRDE MIR ZWEIFELLOS DAS FELL GERBEN, WENN ICH MICH VERSPÄTETE.
BIST DU DER LEHRLING, DEN KLAPROTH SCHICKEN WOLLTE? DU BIST SPÄT DRAN.
ICH BIN HERMAS.
ICH-- PFF-- BIN-- SO SCHNELL-- WIE-- MÖG-LICH-- GEKOMMEN-- HERMAS-- ICH--
HOL ERST MAL TIEF LUFT, JUNGE. DER KLIENT LÄUFT SCHON NICHT WEG.
BIST DU PETREFAX?
JA, SIR. BITTE ENTSCHUL-DIGEN SIE MEINE VERSPÄTUNG. ICH MUSSTE DEN GANZEN WEG LAUFEN.
NUN BIST DU JA DA. STEH NICHT IM WEG, SIEH ZU UND HILF, WENN NÖTIG.
JA, SIR.
HAST DU SCHON MAL ZUGESCHAUT? ALSO, ZUERST ZIEHT MAN DEN KLIENTEN AUS.
KLEIDUNG UND HABSELIGKEITEN LEGT MAN ZUR SEITE. SIE GEHÖREN UNS.
SIEHST DU DAS MESSER, DAS MEISTER HERMAS HAT?
DAS IST FÜRS ENTBEINEN. ANDERE MESSER SIND NICHT GUT. AUSSERDEM BRAUCHT MAN EINEN HAMMER FÜR DIE HIRNSCHALE.
6

SO, JUNGE. SAG MIR, WAS DU ÜBER LUFTBESTATTUNG WEISST.
ÖH. SIE WIRD DORT PRAKTIZIERT, WO ES KEINE WEICHE ERDE, KEINE FLÜSSE UND NUR WENIG FEUERHOLZ GIBT.
SEHR GUT.
DAS HIER IST SANDELHOLZ. MAN MUSS NUR WENIG VERBRENNEN. ES SCHEUCHT DIE GROSSEN VÖGEL OBEN AUF DEN GIPFELN AUF.
SIEHST DU SIE?
ALLERDINGS.
ES IST NICHT DIE UNGEWÖHNLICHSTE METHODE, DEN KLIENTEN ZUR RUHE ZU BETTEN, PETREFAX.
DOCH WIE ALLE METHODEN MUSS SIE MIT RESPEKT UND SORGFALT DURCHGEFÜHRT WERDEN.
SO. WENN DIE EINGEWEIDE ENTFERNT SIND, BESCHÄFTIGEN WIR UNS MIT DEN KÖRPERTEILEN...
AUA.
ICH HABE GELEGENTLICH BEHAUPTET, DASS DIE LUFTBESTATTUNG AM EHESTEN WIDERSPIEGELT, WAS WIR HIER IN DER NEKROPOLIS TUN.
DEN KLIENTEN VOLLSTÄNDIG BESEITIGEN, UND DAS IN WENIGEN STUNDEN.
KEIN MONUMENT, DAS SEIN SCHEIDEN BEZEUGT, KEINE URNE MIT ASCHE, KEIN SARG, KEINE TAFEL.

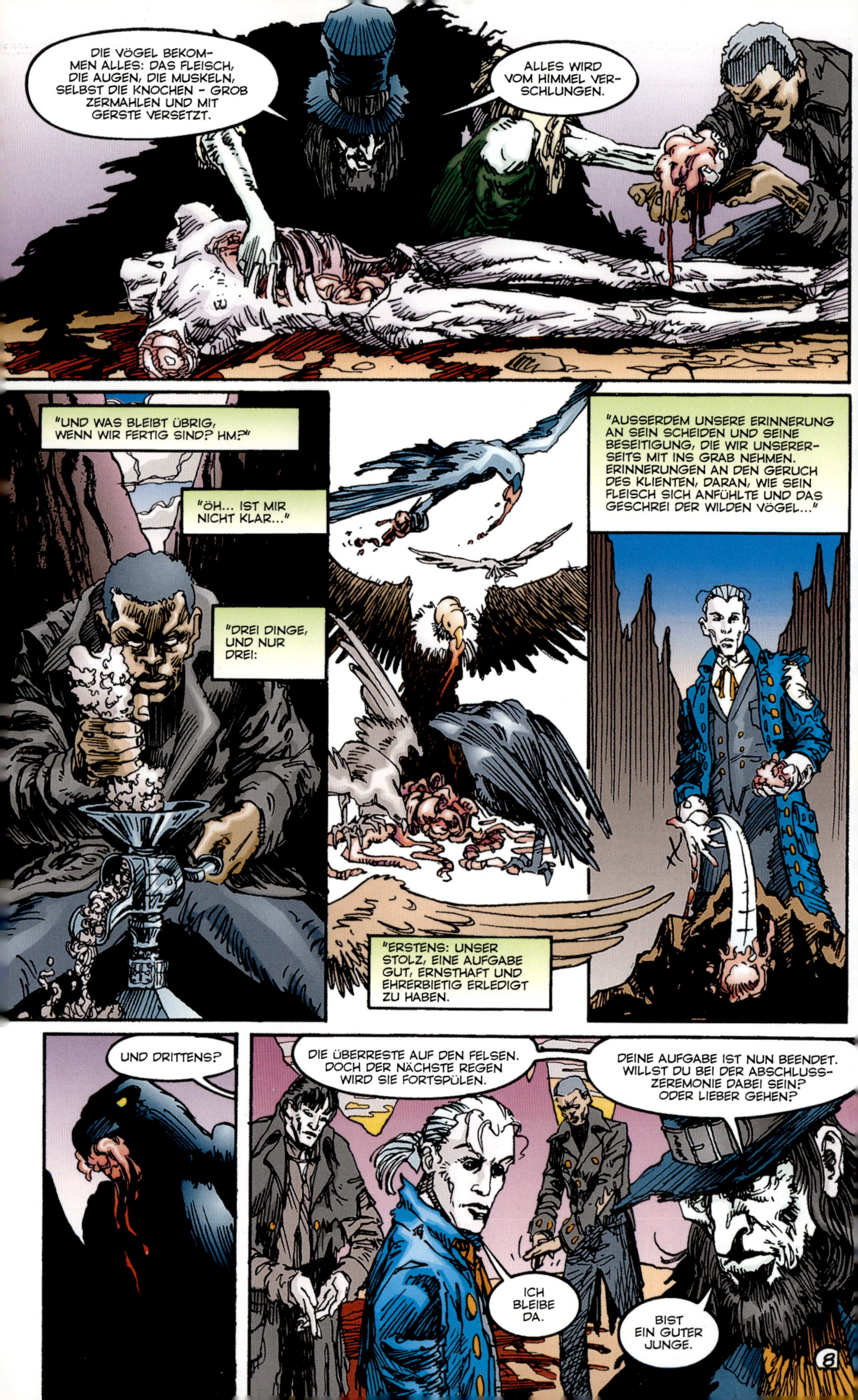
DIE VÖGEL BEKOMMEN ALLES: DAS FLEISCH, DIE AUGEN, DIE MUSKELN, SELBST DIE KNOCHEN - GROB ZERMAHLEN UND MIT GERSTE VERSETZT.
ALLES WIRD VOM HIMMEL VERSCHLUNGEN.
"UND WAS BLEIBT ÜBRIG, WENN WIR FERTIG SIND? HM?"
"ÖH... IST MIR NICHT KLAR..."
"DREI DINGE, UND NUR DREI:
"ERSTENS: UNSER STOLZ, EINE AUFGABE GUT, ERNSTHAFT UND EHRERBIETIG ERLEDIGT ZU HABEN.
"AUSSERDEM UNSERE ERINNERUNG AN SEIN SCHEIDEN UND SEINE BESEITIGUNG, DIE WIR UNSERERSEITS MIT INS GRAB NEHMEN. ERINNERUNGEN AN DEN GERUCH DES KLIENTEN, DARAN, WIE SEIN FLEISCH SICH ANFÜHLTE UND DAS GESCHREI DER WILDEN VÖGEL..."
UND DRITTENS?
DIE ÜBERRESTE AUF DEN FELSEN. DOCH DER NÄCHSTE REGEN WIRD SIE FORTSPÜLEN.
DEINE AUFGABE IST NUN BEENDET. WILLST DU BEI DER ABSCHLUSSZEREMONIE DABEI SEIN? ODER LIEBER GEHEN?
ICH BLEIBE DA.
BIST EIN GUTER JUNGE.
8

DER LEHRLING NAMENS MIG ZOG IN WACHSTUCH GEWICKELTE PÄCKCHEN AUS DER TASCHE, LEGTE SIE AUF DIE FELSEN, UND WIR VIER SETZTEN UNS.
GUT. ALS ERSTES ESSEN WIR. ICH BIN HALB VERHUNGERT.
SOLLTEN WIR UNS NICHT DIE HÄNDE WASCHEN? ES KLEBEN NOCH RESTE VOM KLIEN-TEN DRAN.
DAS WÄRE RESPEKTLOS DEM KLIENTEN GE-GENÜBER. ANGEBLICH WÜRZEN DIE ÜBER-RESTE DAS ESSEN. SO IST ES SITTE, WO DER KLIENT HERSTAMMT.
WOLLEN SIE MICH AUF DEN ARM NEHMEN? WIE DAMALS, ALS ICH BEI MEISTER KLAPROTH ANFING UND DIE ANDEREN MICH LOS-SCHICKTEN, EINEN SARG FÜR LINKSHÄNDER BESORGEN?
DAS IST KEIN SPASS. PROBIER.
VIELE LEUTE MEINEN, DASS WIR AUS DER NEKROPOLIS KEINE AHNUNG VON ANDEREN KULTUREN HABEN.
DAS STIMMT NICHT.
RICHTIGER WÄRE ES ZU BEHAUPTEN, DASS WIR NEKRO-POLITANER MEHR VON LEBENSART VERSTEHEN ALS DIE BEWOHNER DER STÄDTE.
MEHR VON DEN BESTATTUNGSRITEN SOWIESO.
UND JENE, DIE IN VERGESSENHEIT GERIETEN, SIND IN DER BIBLIOTHEK VON LITHARGIA BEWAHRT.
STERBLICHKEIT KANN ANLASS ZU HEITERKEIT UND UMTRUNK SEIN, ZU TRAUER UND ERNST, ZU FESTEN UND FASTEN, ZU GEDENKEN UND VERGESSEN.
DORT, WO UNSER LETZTER KLIENT HERKAM, SITZT MAN HINTERHER BEISAMMEN, ISST UND ERZÄHLT GESCHICHTEN.
ES STIMMT… DAS ESSEN SCHMECKT BESSER. DAS IST SELTSAM, ABER ES SCHMECKT WIRKLICH **GUT**. WIE KOMMT DAS?
WEIL SIE DARAN **GLAUBEN**.
GESCHICHTEN ALSO. WENN'S RECHT IST, NEHME ICH DIE ERSTE SCHAUFEL:
AUF DER ANDEREN SEITE DER BERGE GIBT ES EIN LAND, WO MAN ÜBELTÄTER DURCH HÄNGEN BESTRAFT. EIN STRICK, EIN GERÜST, EIN STURZ.

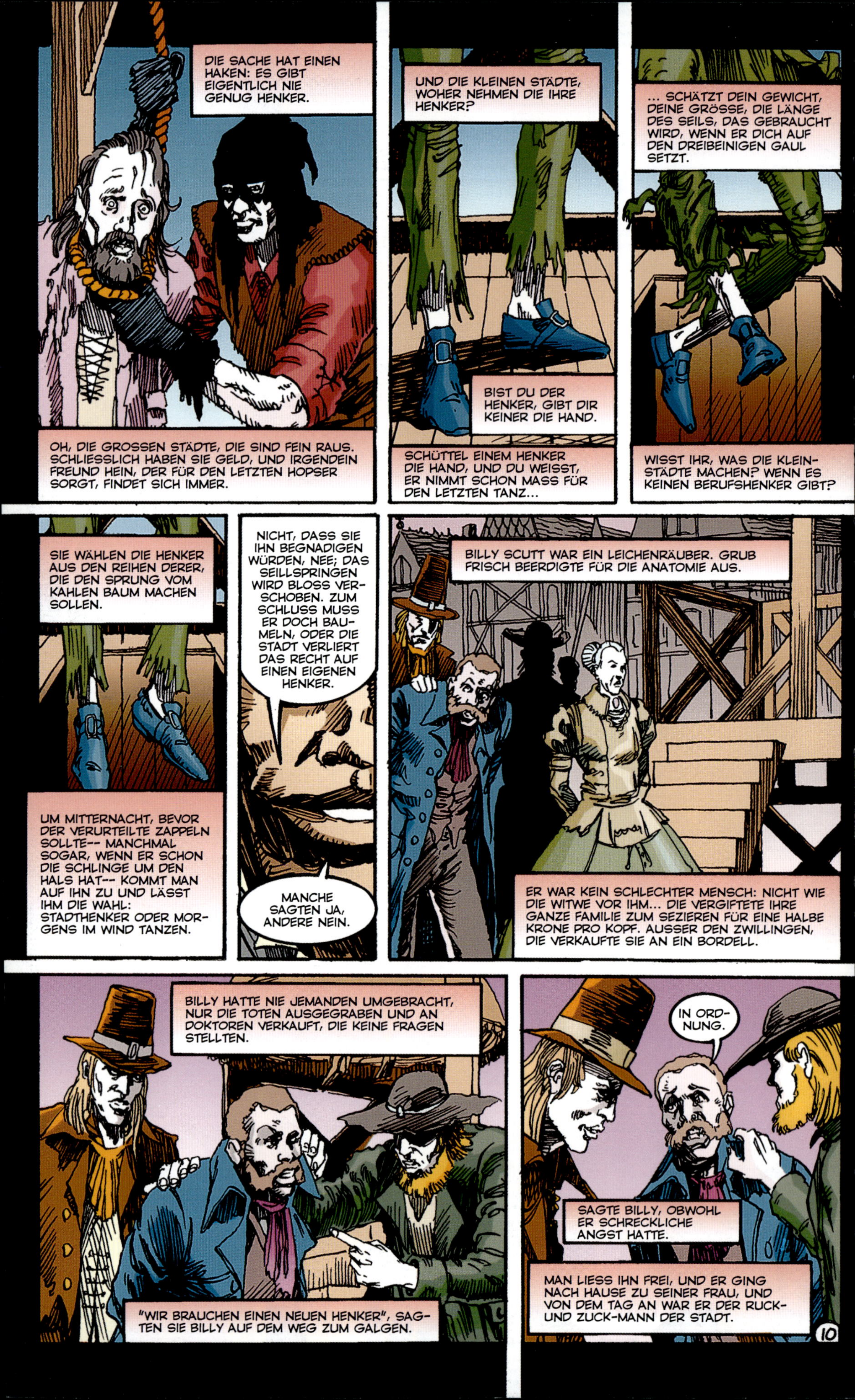
DIE SACHE HAT EINEN HAKEN: ES GIBT EIGENTLICH NIE GENUG HENKER.
OH, DIE GROSSEN STÄDTE, DIE SIND FEIN RAUS. SCHLIESSLICH HABEN SIE GELD, UND IRGENDEIN FREUND HEIN, DER FÜR DEN LETZTEN HOPSER SORGT, FINDET SICH IMMER.
UND DIE KLEINEN STÄDTE, WOHER NEHMEN DIE IHRE HENKER?
BIST DU DER HENKER, GIBT DIR KEINER DIE HAND.
SCHÜTTEL EINEM HENKER DIE HAND, UND DU WEISST, ER NIMMT SCHON MASS FÜR DEN LETZTEN TANZ...
... SCHÄTZT DEIN GEWICHT, DEINE GRÖSSE, DIE LÄNGE DES SEILS, DAS GEBRAUCHT WIRD, WENN ER DICH AUF DEN DREIBEINIGEN GAUL SETZT.
WISST IHR, WAS DIE KLEINSTÄDTE MACHEN? WENN ES KEINEN BERUFSHENKER GIBT?
SIE WÄHLEN DIE HENKER AUS DEN REIHEN DERER, DIE DEN SPRUNG VOM KAHLEN BAUM MACHEN SOLLEN.
UM MITTERNACHT, BEVOR DER VERURTEILTE ZAPPELN SOLLTE-- MANCHMAL SOGAR, WENN ER SCHON DIE SCHLINGE UM DEN HALS HAT-- KOMMT MAN AUF IHN ZU UND LÄSST IHM DIE WAHL: STADTHENKER ODER MORGENS IM WIND TANZEN.
NICHT, DASS SIE IHN BEGNADIGEN WÜRDEN, NEE; DAS SEILLSPRINGEN WIRD BLOSS VERSCHOBEN. ZUM SCHLUSS MUSS ER DOCH BAUMELN, ODER DIE STADT VERLIERT DAS RECHT AUF EINEN EIGENEN HENKER.
MANCHE SAGTEN JA, ANDERE NEIN.
BILLY SCUTT WAR EIN LEICHENRÄUBER. GRUB FRISCH BEERDIGTE FÜR DIE ANATOMIE AUS.
ER WAR KEIN SCHLECHTER MENSCH: NICHT WIE DIE WITWE VOR IHM... DIE VERGIFTETE IHRE GANZE FAMILIE ZUM SEZIEREN FÜR EINE HALBE KRONE PRO KOPF. AUSSER DEN ZWILLINGEN, DIE VERKAUFTE SIE AN EIN BORDELL.
BILLY HATTE NIE JEMANDEN UMGEBRACHT, NUR DIE TOTEN AUSGEGRABEN UND AN DOKTOREN VERKAUFT, DIE KEINE FRAGEN STELLTEN.
"WIR BRAUCHEN EINEN NEUEN HENKER", SAGTEN SIE BILLY AUF DEM WEG ZUM GALGEN.
IN ORDNUNG.
SAGTE BILLY, OBWOHL ER SCHRECKLICHE ANGST HATTE.
MAN LIESS IHN FREI, UND ER GING NACH HAUSE ZU SEINER FRAU, UND VON DEM TAG AN WAR ER DER RUCK- UND ZUCK-MANN DER STADT.

BILLY SCUTT WAR DER BESTE HENKER, DEN SIE JE HATTEN. WENN ER EINEN HÄNGTE, DANN HING DER: DIE KLAPPE ÖFFNET SICH, EIN LUFTSPRUNG INS NICHTS, EIN SAUBERER TOD.
ER WAR NICHT GLÜCKLICH, OBWOHL ER STOLZ WAR AUF SEINEN BERUF, WIE ER ES AUF DIE LEICHENRÄUBEREI NIE HATTE SEIN KÖNNEN.
GUTE, SAUBERE ARBEIT, DIE DAS GENICK BRACH UND EIN LEBEN SCHARF WIE EIN MESSER BEENDETE. NIEMAND MUSSTE ZWEIMAL GEHÄNGT WERDEN, SOLANGE BILLY SCUTT DER TANZMEISTER WAR.
EINIGE BEHAUPTETEN, DAS KÄME DAHER, DASS ER JEDE ARME SEELE ANSAH, DIE SICH AUF DEN LETZTEN TANZ VORBEREITETE, UND WUSSTE, DASS DORT OHNE DIE GNADE DES STADTRATS ER SELBST GESTANDEN HÄTTE.
ABENDS, WENN ER VON DER ARBEIT AM GALGEN ZU SEINER FRAU, SEINEN KINDERN, DEM HÄUSCHEN ZURÜCKKEHRTE, BLICKTE ER SIE AN WIE KOSTBARKEITEN.
ABER ALLES HAT EIN ENDE, UND BILL SCUTTS KINDER WUCHSEN WIE DIE EBERESCHEN UND BEKAMEN SELBST KINDER, DAS HAAR SEINER FRAU WURDE WEISS WIE DER MOND, UND EINES TAGES KAM BILLY NICHT MEHR AUS DEM BETT.
ICH KANN... KEINEN FINGER... MEHR RÜHREN.
NUN WERDEN SIE DICH SICHER HÄNGEN, BILLY.
ES HEISST... FREUND HEIN... SEI EIN HERVORRAGENDER... ARZT... LIEBES...
...ABER ICH HABE DEN WUNSCH... IN MEINEM BETT ZU STERBEN.
ABENDS KAMEN DIE MÄNNER DES SHERIFFS, UM BILLY ZU HOLEN.
WIR HÖRTEN, DU WÄRST SEHR KRANK, BILLY.
ÜBERALL IN DER STADT SAGT MAN--
--DASS DU SCHRECKLICH KRANK BIST.
ICH?
ICH BIN ALT, DAS GEBE ICH ZU, ABER NICHT KRANK. ICH WERDE NOCH JAHRELANG LEUTE AUF EINEN SPRUNG AN DIE LUFT SCHICKEN.

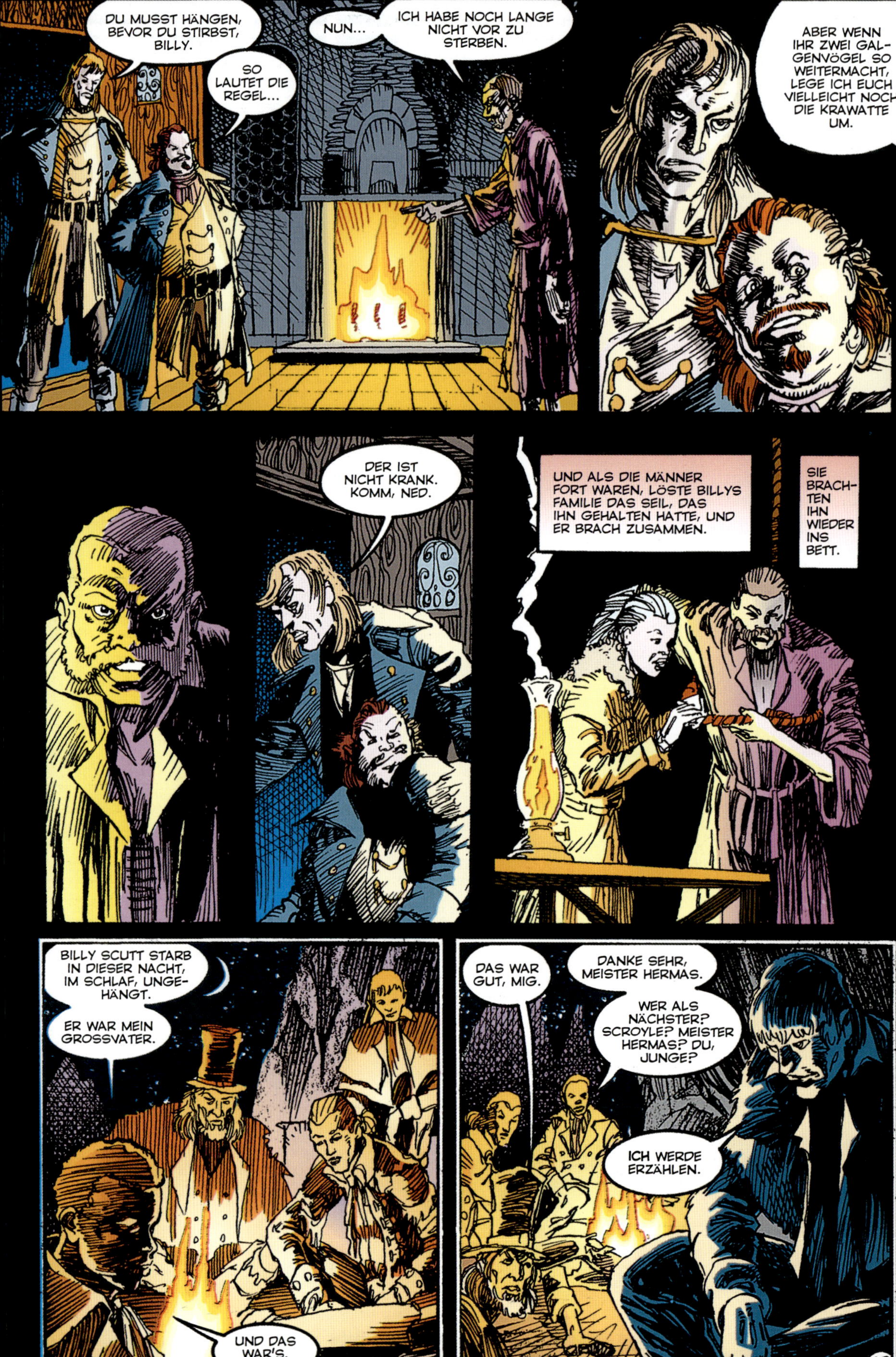
DU MUSST HÄNGEN, BEVOR DU STIRBST, BILLY.
SO LAUTET DIE REGEL...
NUN...
ICH HABE NOCH LANGE NICHT VOR ZU STERBEN.
ABER WENN IHR ZWEI GALGENVÖGEL SO WEITERMACHT, LEGE ICH EUCH VIELLEICHT NOCH DIE KRAWATTE UM.
DER IST NICHT KRANK. KOMM, NED.
UND ALS DIE MÄNNER FORT WAREN, LÖSTE BILLYS FAMILIE DAS SEIL, DAS IHN GEHALTEN HATTE, UND ER BRACH ZUSAMMEN.
SIE BRACHTEN IHN WIEDER INS BETT.
BILLY SCUTT STARB IN DIESER NACHT, IM SCHLAF, UNGEHÄNGT.
ER WAR MEIN GROSSVATER.
UND DAS WAR'S.
DAS WAR GUT, MIG.
DANKE SEHR, MEISTER HERMAS.
WER ALS NÄCHSTER? SCROYLE? MEISTER HERMAS? DU, JUNGE?
ICH WERDE ERZÄHLEN.

ICH WEISS NOCH, WIE ICH ALS JUNGER LEHRLING IN DIE STADT KAM. ICH KAM MIT DER TOTENBARKE DEN FLUSS HINUNTER NACH LITHARGIA. MEINE MUTTER SCHICKTE MICH MIT DER LEICHE MEINES VATERS. SEIN GANZES LEBEN LANG TRÄUMTE ER DAVON, IN DER NEKROPOLIS BEIGESETZT ZU WERDEN, UND BEI MEINER GEBURT VERPFÄNDETE ER MICH AN LITHARGIA FÜR EIN GRAB IN DER STADT.
ER STARB, ALS ICH ACHT WAR, UND ICH GING MIT IHM.
ICH WURDE LEHRLING BEI MEISTER HERMAS.
DAS IST NEUN JAHRE HER.
SEITHER HABE ICH GETAN, WAS ALLE LEHRLINGE TUN:
ICH SCHLICH IN DIE UNTERSTEN KATAKOMBEN UND VERBRACHTE EINE NACHT DORT ALS MUTPROBE, WURDE ENTDECKT UND BESTRAFT.
ICH SCHLIEF DAS ERSTE MAL MIT EINER FRAU. ES WAR AUF EINER GRABPLATTE IM OSTVIERTEL, UND ICH VERGOSS MEINEN SAMEN AUF SCHÄDELN AUS STEIN.
ICH LERNTE, IN WENIGEN STUNDEN EIN SECHS FUSS TIEFES UND ACHT FUSS LANGES LOCH ZU GRABEN.
ICH HABE DIE NEKROPOLIS VON DEN TIEFSTEN HÖHLEN BIS IN DIE HÖCHSTEN SPITZEN ERFORSCHT. ICH KENNE DREISSIG ARTEN, WIE MAN VERHINDERT, DASS EIN KLIENT IN DER SONNE VERDIRBT UND FÜNFZIG, DAS HOLZ FÜR EINEN SARG HERZURICHTEN.
NÄCHTELANG BEWACHTE ICH KLIENTEN AUS ANGST, DASS HEXEN GESICHT UND ZUNGE ENTWENDEN KÖNNTEN, UND ICH BAND IHNEN DIE ZEHEN MIT ROTEM GARN ZUSAMMEN, DAMIT SIE NACHTS NICHT HERUMLIEFEN.

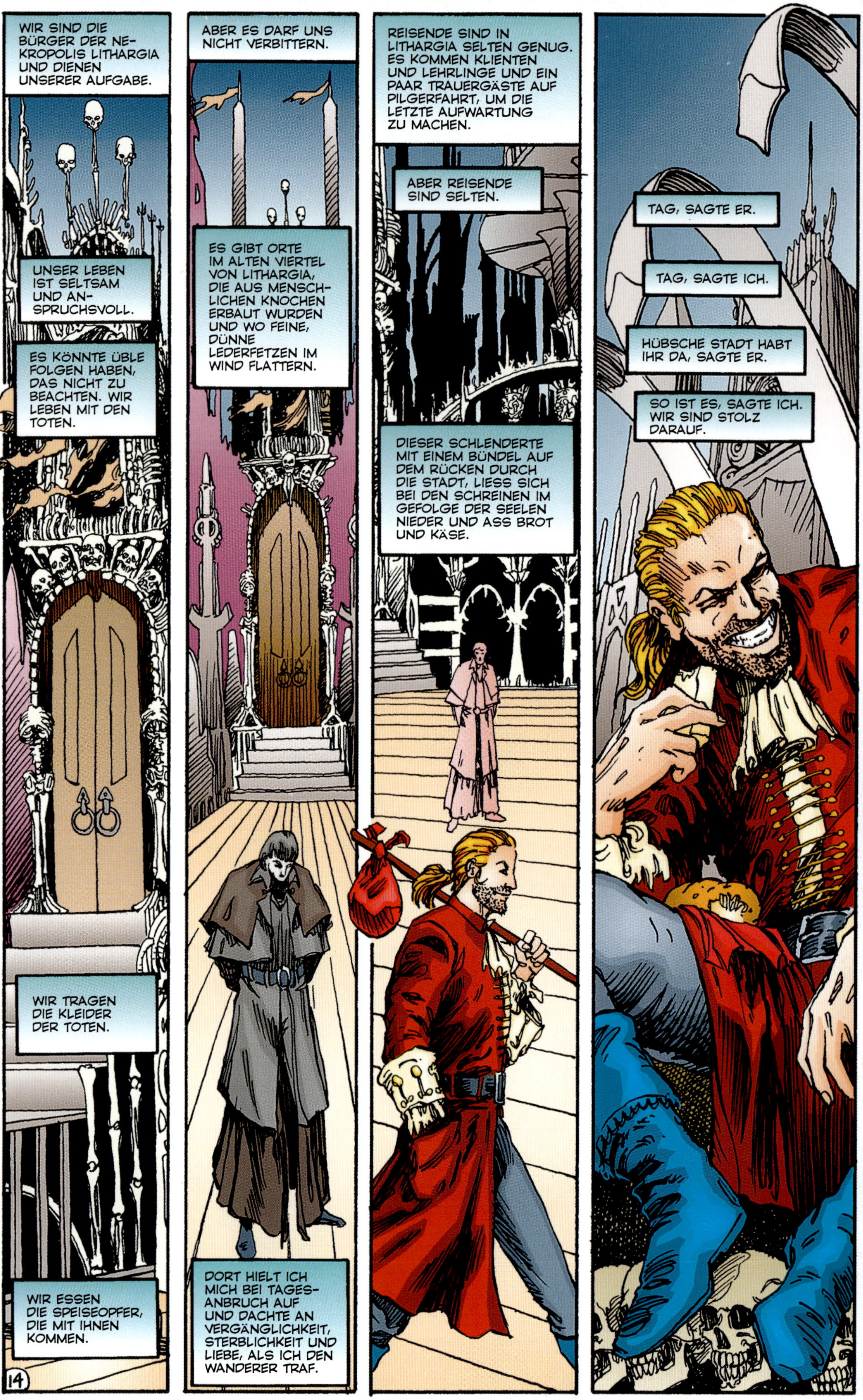
WIR SIND DIE BÜRGER DER NEKROPOLIS LITHARGIA UND DIENEN UNSERER AUFGABE.
UNSER LEBEN IST SELTSAM UND ANSPRUCHSVOLL.
ES KÖNNTE ÜBLE FOLGEN HABEN, DAS NICHT ZU BEACHTEN. WIR LEBEN MIT DEN TOTEN.
WIR TRAGEN DIE KLEIDER DER TOTEN.
WIR ESSEN DIE SPEISEOPFER, DIE MIT IHNEN KOMMEN.
ABER ES DARF UNS NICHT VERBITTERN.
ES GIBT ORTE IM ALTEN VIERTEL VON LITHARGIA, DIE AUS MENSCHLICHEN KNOCHEN ERBAUT WURDEN UND WO FEINE, DÜNNE LEDERFETZEN IM WIND FLATTERN.
DORT HIELT ICH MICH BEI TAGESANBRUCH AUF UND DACHTE AN VERGÄNGLICHKEIT, STERBLICHKEIT UND LIEBE, ALS ICH DEN WANDERER TRAF.
REISENDE SIND IN LITHARGIA SELTEN GENUG. ES KOMMEN KLIENTEN UND LEHRLINGE UND EIN PAAR TRAUERGÄSTE AUF PILGERFAHRT, UM DIE LETZTE AUFWARTUNG ZU MACHEN.
ABER REISENDE SIND SELTEN.
DIESER SCHLENDERTE MIT EINEM BÜNDEL AUF DEM RÜCKEN DURCH DIE STADT, LIESS SICH BEI DEN SCHREINEN IM GEFOLGE DER SEELEN NIEDER UND ASS BROT UND KÄSE.
TAG, SAGTE ER.
TAG, SAGTE ICH.
HÜBSCHE STADT HABT IHR DA, SAGTE ER.
SO IST ES, SAGTE ICH. WIR SIND STOLZ DARAUF.

ES IST WICHTIG, DASS ES ORTE WIE DIESEN GIBT. WENN DER GEIST ERST FORT IST UND DER FUNKE DES LEBENS ERLOSCHEN, WERDEN DIE RITUALE DES ABSCHIEDS GEBRAUCHT.
DIE RITUALE HELFEN UNS, LEBEWOHL ZU SAGEN.
MAN MUSS LEBEWOHL SAGEN.
SIE HABEN NOCH ANDERE FUNKTIONEN, DIESE RITUALE.
ES IST BEÄNGSTIGEND, VON JENEN VERFOLGT ZU WERDEN, DIE UNS EINST LIEBTEN.
ES IST BEÄNGSTIGEND, DIE ZU VERFOLGEN, DIE MAN LIEBT.
DIES IST LITHARGIA, NICHT WAHR? ES HAT SICH NICHT SEHR VERÄNDERT, SEIT MEIN WEG MICH DAS LETZTE MAL HERFÜHRTE.
DIE NEKROPOLIS LITHARGE WIRD SICH NIE ÄNDERN.
ALLES IST VERÄNDERLICH... DIES IST NICHT DIE ERSTE NEKROPOLIS, WEISST DU.
"ES HAT SCHON ZUVOR EINE NEKROPOLIS GEGEBEN. JENE NEKROPOLIS, DIE KEINEN NAMEN MEHR HAT, VERKAM. DAMALS BEGANN MAN, DIE TÄTIGKEIT ALS GESCHÄFT ZU SEHEN UND NICHT ALS AUFGABE. ES GAB KEINE SORGFALT, KEINE LIEBE.
"ES GAB KEINEN SINN FÜR VOLLENDUNG. KÖRPER WURDEN IN GRÄBER GELEGT...
"... ODER VERBRANNT OHNE ACHTUNG, LIEBE ODER TROST."
KLIENTEN. WIR NENNEN SIE KLIENTEN.
SEHR WEISE. NICHT SO DIESE LEUTE. SIE BETETEN NICHT FÜR DIE TOTEN, UND SIE WÜNSCHTEN IHNEN KEIN GLÜCK.
DIE LEICHENBESTATTER DER STADT BETRIEBEN IHR GEWERBE OHNE VERSTÄNDNIS FÜR DIE BEDEUTUNG. LEICHEN KAMEN IN DIE STADT, UND MAN ENTLEDIGTE SICH DER LEICHEN.
"SIE HATTEN ZEREMONIENBÜCHER, ABER DIE BÜCHER WURDEN WURMSTICHIG UND ZERFIELEN ZU STAUB, DENN NIEMAND KÜMMERTE SICH DARUM.
"SIE HATTEN GRÄBER UND KATAKOMBEN, TÜRME UND FLÜSSE. ABER DIE GEBÄUDE STÜRZTEN EIN, UND KNOCHEN UND ÜBERRESTE VERSTOPFTEN DIE FLÜSSE, BIS SIE FAULTEN UND STANKEN."

DIE HERZEN DER NEKROPOLITANER VERHÄRTETEN SICH UND STUMPFTEN AB.
DANN ERSCHIENEN EINES TAGES SECHS FREMDE IN DER STADT.
UNSERE SCHWESTER IST TOT, SAGTEN SIE.
WO IST DIE LEICHE? FRAGTEN DIE NEKROPOLITANER. WO DIE OPFERGABE?
WIR HABEN KEINE LEICHE, SAGTEN DIE BESUCHER.
WIR KOMMEN WEGEN DER LEICHENTÜCHER UND DER BÜCHER MIT RITUALEN, DIE IHR AUFBEWAHRT, SAGTEN SIE.
DA LACHTEN DIE NEKROPOLITANER UND NANNTEN SIE TOLL.
DA RICHTETE SICH DER ÄLTESTE DER SECHS AUF.
ER WAR VON KOPF BIS FUSS GRAU GEKLEIDET, DIE KAPUZE SEINES MANTELS VERBARG SEINE AUGEN.
DIES IST KEINE WAHRE NEKROPOLIS, ERKLÄRTE ER.
EUER PRIVILEG WIRD WIDERRUFEN.
DIES IST KEINE STADT MEHR. ES IST VORÜBER. BEENDET.
UND EIN GROSSER WIND BLIES VON DEN BERGEN HERAB, UND DIE STADT VERGING. KEIN STEIN BLIEB AUF DEM ANDEREN. DER FLUSS TROCKNETE AUS UND ENTHÜLLTE ALTE GEBEINE. DIE ERDE VERSCHLANG DIE GRÄBER, MAUSOLEEN UND HÄUSER.
UND DIE ERDE ZERKRÜMELTE ZU SAND, UND JENE NEKROPOLIS WAR NICHT MEHR. IHR NAME WURDE VERGESSEN.
DEM DORF LITHARGIA WURDE DAS PRIVILEG VERLIEHEN, DAS ES ZUR NEKROPOLIS ERHOB.
UND AUF DIESE WEISE ENTSTAND DEINE STADT.
DER WANDERER BEENDETE SEIN MAHL, GING FORT UND SANG EIN MISSTÖNENDES LIED, DAS ER SELBST KOMPONIERT HATTE.
16

WOHER WEISST DU, DASS ER ES SELBST KOMPONIERT HATTE?
HAT ER GESAGT.
STIMMT DAS?
WURDE LITHARGIA AUF DIESE ART GEGRÜNDET?
GUTE FRAGE.
DER SITHCUNDMANN, DER DIESER TAGE MEIST IN DER BIBLIOTHEK VON LITHARGIA SITZT UND SEINE ERINNERUNGEN ERZÄHLT, SAGTE MIR EINMAL, DASS DIE GESCHRIEBENE GESCHICHTE VON LITHARGIA MEHR ALS ACHTZIGTAUSEND JAHRE ZURÜCKREICHT.
ABER VIELES SPRICHT DAFÜR, DASS DIE STADT SCHON VORHER EXISTIERTE-- INSCHRIFTEN AUF GRABSTEINEN ZUM BEISPIEL.
WIR WAREN VOR JEDER ANDEREN STADT DA.
UND WIR WERDEN DIE TRAUERLIEDER SINGEN, DIE MAN FÜR STÄDTE SINGT, WENN SIE STERBEN.
NEIN. ICH WEISS NICHT, OB SCROYLES GESCHICHTE WAHR IST ODER NICHT.
ES MACHT AUCH NICHTS. DIE GESCHICHTEN, DIE WIR FÜR DIE TOTEN ERZÄHLEN, MÜSSEN UNS NICHT BELEHREN...
DA KOMMT MIR EINE IN DEN SINN, DIE ICH HÖRTE, ALS ICH NOCH EIN KIND WAR, UND DIE FOLGEN DIESER GESCHICHTE.

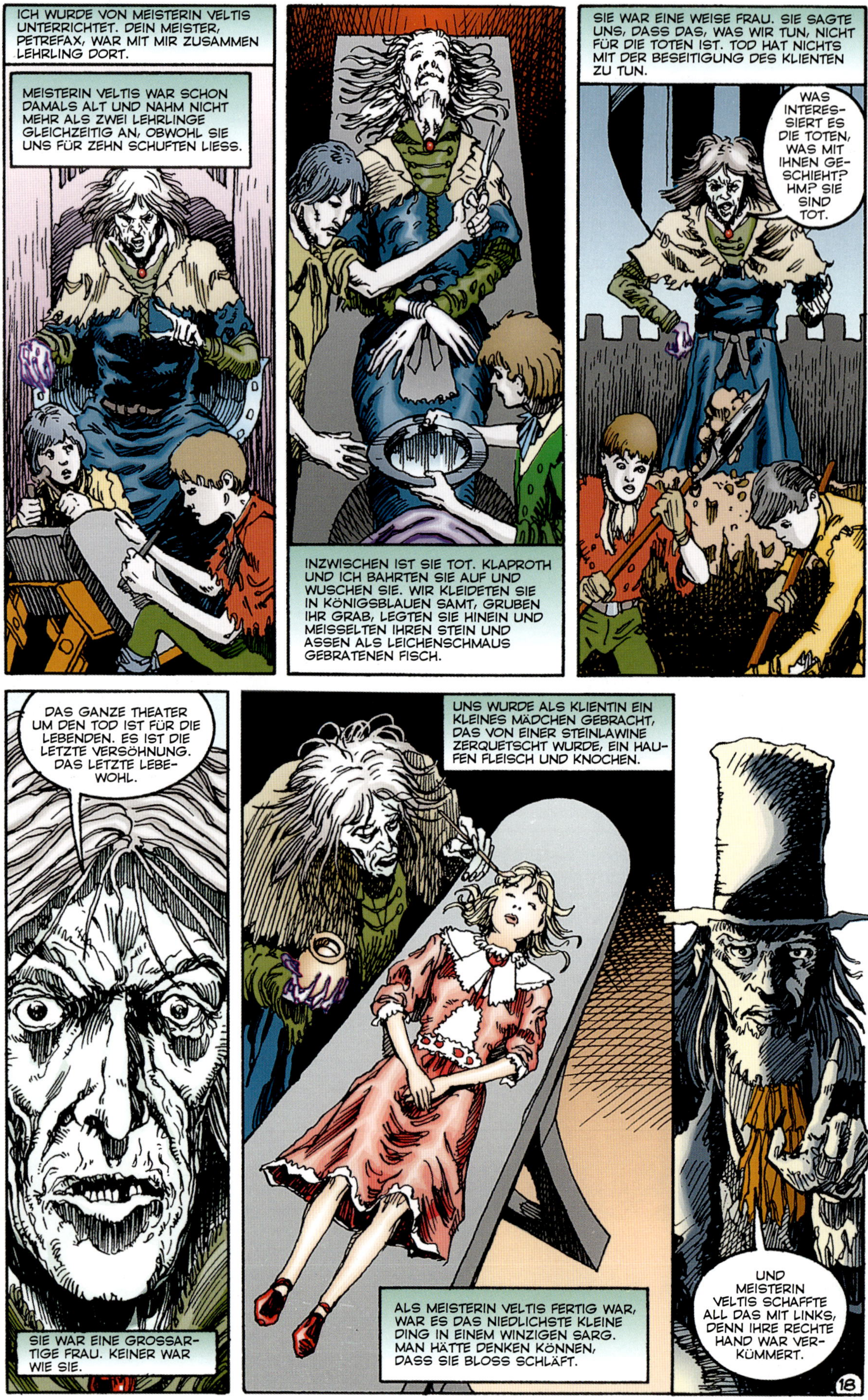

ICH WURDE VON MEISTERIN VELTIS UNTERRICHTET. DEIN MEISTER, PETREFAX, WAR MIT MIR ZUSAMMEN LEHRLING DORT.
MEISTERIN VELTIS WAR SCHON DAMALS ALT UND NAHM NICHT MEHR ALS ZWEI LEHRLINGE GLEICHZEITIG AN, OBWOHL SIE UNS FÜR ZEHN SCHUFTEN LIESS.
INZWISCHEN IST SIE TOT. KLAPROTH UND ICH BAHRTEN SIE AUF UND WUSCHEN SIE. WIR KLEIDETEN SIE IN KÖNIGSBLAUEN SAMT, GRUBEN IHR GRAB, LEGTEN SIE HINEIN UND MEISSELTEN IHREN STEIN UND ASSEN ALS LEICHENSCHMAUS GEBRATENEN FISCH.
SIE WAR EINE WEISE FRAU. SIE SAGTE UNS, DASS DAS, WAS WIR TUN, NICHT FÜR DIE TOTEN IST. TOD HAT NICHTS MIT DER BESEITIGUNG DES KLIENTEN ZU TUN.
WAS INTERESSIERT ES DIE TOTEN, WAS MIT IHNEN GESCHIEHT? HM? SIE SIND TOT.
DAS GANZE THEATER UM DEN TOD IST FÜR DIE LEBENDEN. ES IST DIE LETZTE VERSÖHNUNG. DAS LETZTE LEBEWOHL.
SIE WAR EINE GROSSARTIGE FRAU. KEINER WAR WIE SIE.
UNS WURDE ALS KLIENTIN EIN KLEINES MÄDCHEN GEBRACHT, DAS VON EINER STEINLAWINE ZERQUETSCHT WURDE, EIN HAUFEN FLEISCH UND KNOCHEN.
ALS MEISTERIN VELTIS FERTIG WAR, WAR ES DAS NIEDLICHSTE KLEINE DING IN EINEM WINZIGEN SARG. MAN HÄTTE DENKEN KÖNNEN, DASS SIE BLOSS SCHLÄFT.
UND MEISTERIN VELTIS SCHAFFTE ALL DAS MIT LINKS, DENN IHRE RECHTE HAND WAR VERKÜMMERT.

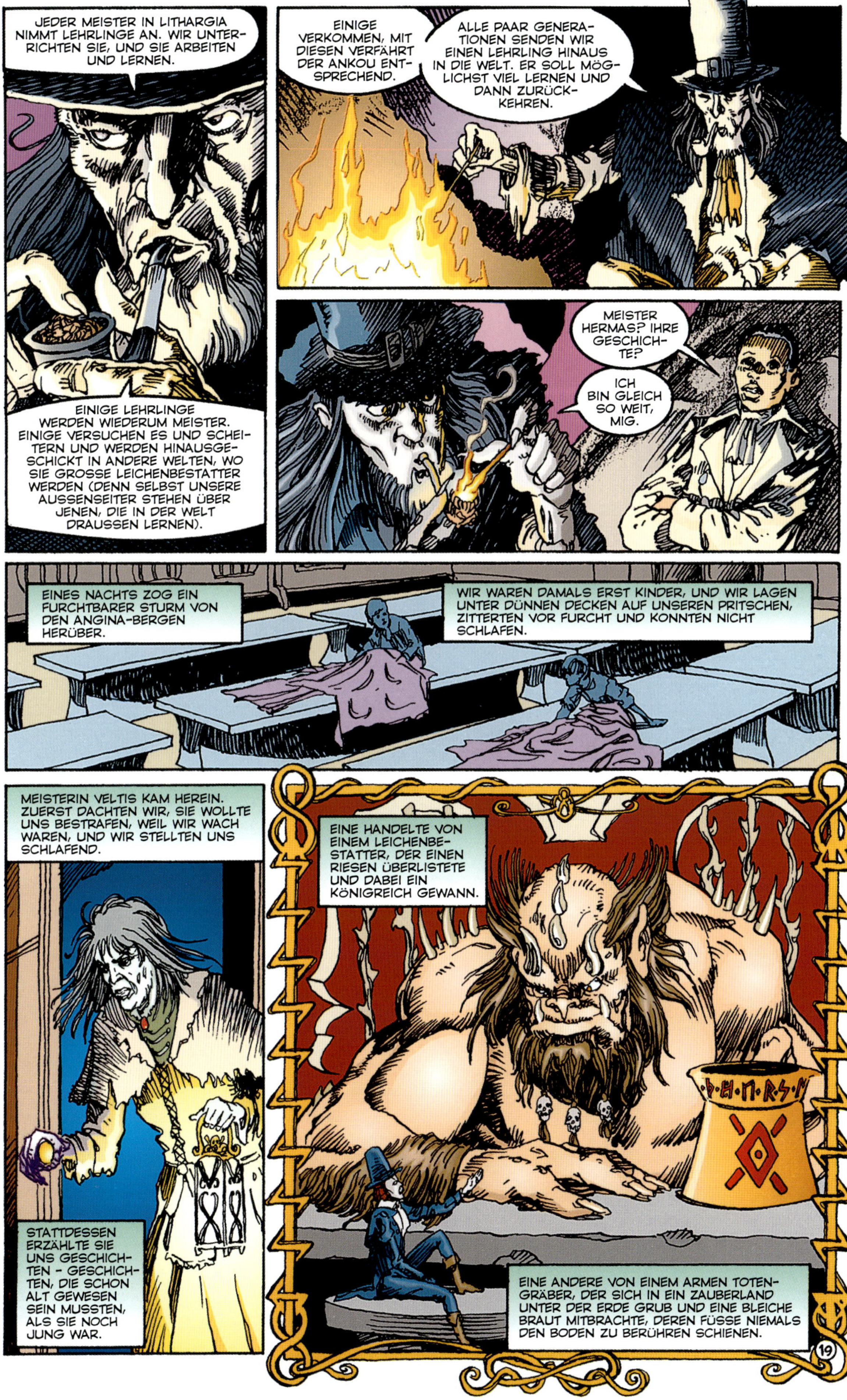
JEDER MEISTER IN LITHARGIA NIMMT LEHRLINGE AN. WIR UNTERRICHTEN SIE, UND SIE ARBEITEN UND LERNEN.
EINIGE LEHRLINGE WERDEN WIEDERUM MEISTER. EINIGE VERSUCHEN ES UND SCHEITERN UND WERDEN HINAUSGESCHICKT IN ANDERE WELTEN, WO SIE GROSSE LEICHENBESTATTER WERDEN (DENN SELBST UNSERE AUSSENSEITER STEHEN ÜBER JENEN, DIE IN DER WELT DRAUSSEN LERNEN).
EINIGE VERKOMMEN, MIT DIESEN VERFÄHRT DER ANKOU ENTSPRECHEND.
ALLE PAAR GENERATIONEN SENDEN WIR EINEN LEHRLING HINAUS IN DIE WELT. ER SOLL MÖGLICHST VIEL LERNEN UND DANN ZURÜCKKEHREN.
MEISTER HERMAS? IHRE GESCHICHTE?
ICH BIN GLEICH SO WEIT, MIG.
EINES NACHTS ZOG EIN FURCHTBARER STURM VON DEN ANGINA-BERGEN HERÜBER.
WIR WAREN DAMALS ERST KINDER, UND WIR LAGEN UNTER DÜNNEN DECKEN AUF UNSEREN PRITSCHEN, ZITTERTEN VOR FURCHT UND KONNTEN NICHT SCHLAFEN.
MEISTERIN VELTIS KAM HEREIN. ZUERST DACHTEN WIR, SIE WOLLTE UNS BESTRAFEN, WEIL WIR WACH WAREN, UND WIR STELLTEN UNS SCHLAFEND.
STATTDESSEN ERZÄHLTE SIE UNS GESCHICHTEN - GESCHICHTEN, DIE SCHON ALT GEWESEN SEIN MUSSTEN, ALS SIE NOCH JUNG WAR.
EINE HANDELTE VON EINEM LEICHENBESTATTER, DER EINEN RIESEN ÜBERLISTETE UND DABEI EIN KÖNIGREICH GEWANN.
EINE ANDERE VON EINEM ARMEN TOTENGRÄBER, DER SICH IN EIN ZAUBERLAND UNTER DER ERDE GRUB UND EINE BLEICHE BRAUT MITBRACHTE, DEREN FÜSSE NIEMALS DEN BODEN ZU BERÜHREN SCHIENEN.

DANN WAR DA EINE GESCHICHTE ÜBER EINE KUTSCHE MIT LEHRLINGEN UND IHREM MEISTER, DIE DURCH SCHWARZE MAGIE AUS LITHARGIA ENTFÜHRT WURDEN UND ZUFLUCHT IN EINER TAVERNE FANDEN, WO DER PREIS FÜR DIE HERBERGE EINE GESCHICHTE WAR.
UND DANN ERZÄHLTE SIE UNS, DASS SIE ALS KIND EINE FLASCHE MIT KONSERVIERUNGSLÖSUNG ZERBROCHEN HATTE.
ERSCHRECKT WOLLTE SIE SICH VOR IHREM MEISTER VERSTECKEN, UND SIE LIEF IN DIE KATAKOMBEN UNTER DER STADT.
GETRIEBEN VON DER FURCHT VOR DER ZÜCHTIGUNG, DIE SIE ERWARTE-TE, NAHM SIE EINEN WEG, DEN SIE NIE ZUVOR BEMERKT HATTE, BOG WAHLLOS RECHTS UND LINKS AB UND GERIET IMMER WEITER HINAB.
UND DANN FAND SIE SICH IN EINEM GEWAL-TIGEN RAUM IRGENDWO UNTER DER STADT.
SECHS SILBERNE LEICHENTÜCHER HINGEN DORT UND GLÄNZTEN IN DER DUNKELHEIT, UND EIN GROSSES, VERSCHLOSSENES BUCH LAG AUF EINEM PULT.
UND EINE STIMME SAGTE ZU IHR: WELCHER VON IHNEN IST TOT?
KEINER IST TOT. NICHT DASS ICH WÜSSTE. NUR DIE NOR-MALEN LEUTE.
ICH HABE EINE FLASCHE ZERBROCHEN UND LIEF WEG.
ES WAR NIEMAND IM RAUM, NIEMAND, DER HÄTTE SPRECHEN KÖNNEN. DOCH EINE STIMME LACHTE IM DUNKELN.
HIER IST DEINES BLEIBENS NICHT, KLEINE. LASS MICH SCHLAFEN, BIS ICH GEBRAUCHT WERDE.
20

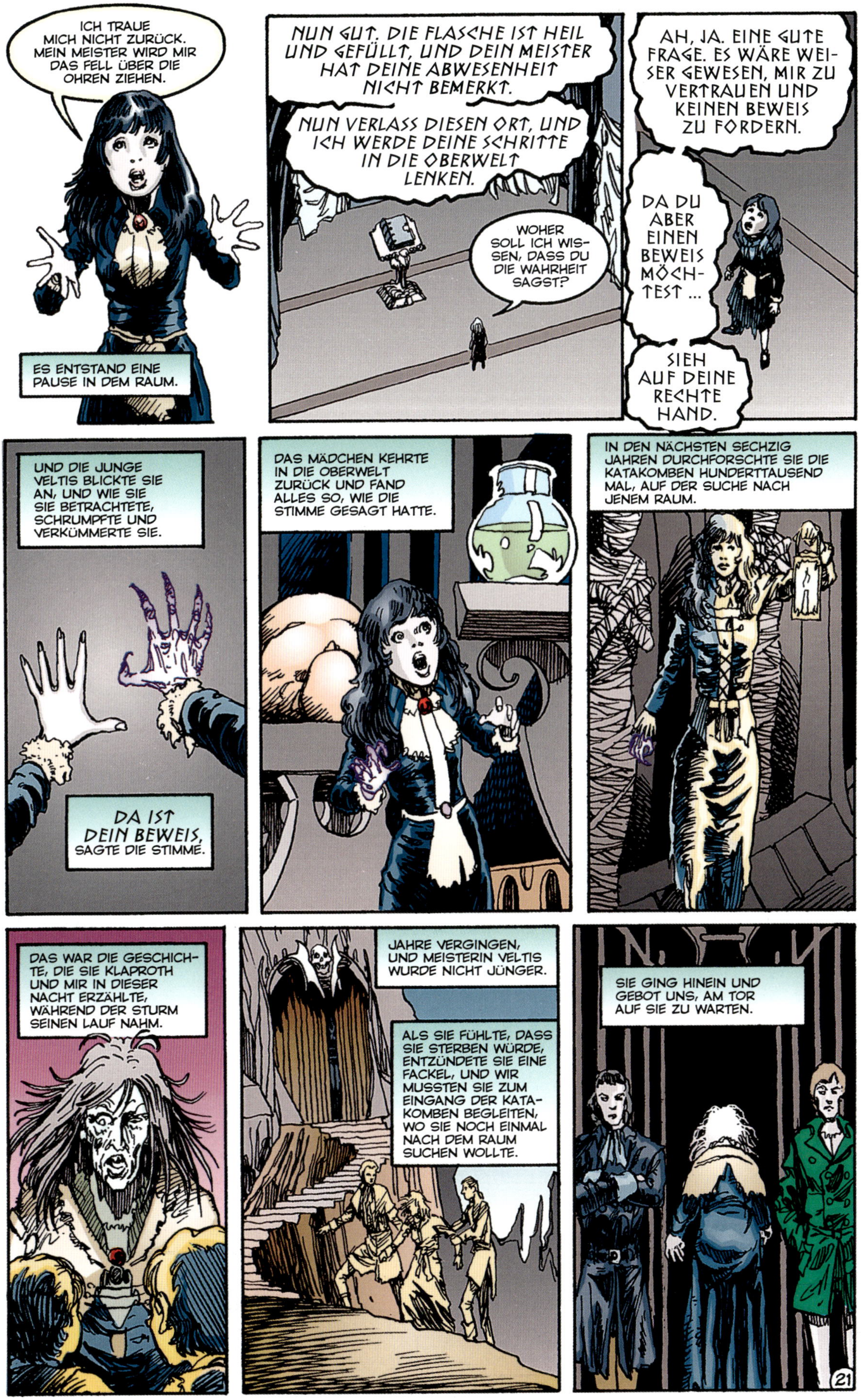

ICH TRAUE MICH NICHT ZURÜCK. MEIN MEISTER WIRD MIR DAS FELL ÜBER DIE OHREN ZIEHEN.
ES ENTSTAND EINE PAUSE IN DEM RAUM.
NUN GUT. DIE FLASCHE IST HEIL UND GEFÜLLT, UND DEIN MEISTER HAT DEINE ABWESENHEIT NICHT BEMERKT.
NUN VERLASS DIESEN ORT, UND ICH WERDE DEINE SCHRITTE IN DIE OBERWELT LENKEN.
WOHER SOLL ICH WISSEN, DASS DU DIE WAHRHEIT SAGST?
AH, JA. EINE GUTE FRAGE. ES WÄRE WEISER GEWESEN, MIR ZU VERTRAUEN UND KEINEN BEWEIS ZU FORDERN.
DA DU ABER EINEN BEWEIS MÖCHTEST ...
SIEH AUF DEINE RECHTE HAND.
UND DIE JUNGE VELTIS BLICKTE SIE AN, UND WIE SIE SIE BETRACHTETE, SCHRUMPFTE UND VERKÜMMERTE SIE.
DA IST DEIN BEWEIS, SAGTE DIE STIMME.
DAS MÄDCHEN KEHRTE IN DIE OBERWELT ZURÜCK UND FAND ALLES SO, WIE DIE STIMME GESAGT HATTE.
IN DEN NÄCHSTEN SECHZIG JAHREN DURCHFORSCHTE SIE DIE KATAKOMBEN HUNDERTTAUSEND MAL, AUF DER SUCHE NACH JENEM RAUM.
DAS WAR DIE GESCHICHTE, DIE SIE KLAPROTH UND MIR IN DIESER NACHT ERZÄHLTE, WÄHREND DER STURM SEINEN LAUF NAHM.
JAHRE VERGINGEN, UND MEISTERIN VELTIS WURDE NICHT JÜNGER.
ALS SIE FÜHLTE, DASS SIE STERBEN WÜRDE, ENTZÜNDETE SIE EINE FACKEL, UND WIR MUSSTEN SIE ZUM EINGANG DER KATAKOMBEN BEGLEITEN, WO SIE NOCH EINMAL NACH DEM RAUM SUCHEN WOLLTE.
SIE GING HINEIN UND GEBOT UNS, AM TOR AUF SIE ZU WARTEN.

WIR WARTETEN EINEN TAG UND EINE NACHT LANG, KLAPROTH UND ICH. AM ENDE HÖRTEN WIR EINEN SCHRILLEN SCHREI, UND MEISTERIN VELTIS TAUMELTE ANS LICHT DES TAGES.
WIR TRUGEN SIE ZURÜCK IN UNSERE BEHAUSUNG UND BENACHRICHTIGTEN DIE RESTLICHEN BÜRGER VON LITHARGIA, DASS EINE VON IHNEN GEGANGEN SEI.
WIR BAHRTEN SIE IN IHREM EMPFANGSRAUM AUF, UND GANZ LITHARGIA DEFILIERTE VORBEI, UM IHR DIE LETZTE EHRE ZU ERWEISEN.
UND WENN IRGENDJEMAND BEMERKTE, DASS IHRE RECHTE HAND WIEDER HEIL WAR, NUN, DANN HAT ER GESCHWIEGEN.
SO.
DAS WAR MEINE GESCHICHTE.
PETREFAX. DU BIST DER EINZIGE VON UNS, DER NICHTS ERZÄHLT HAT.
ABER DU GEHÖRST AUCH NICHT ZUR TRAUERGEMEINDE DES KLIENTEN.
MÖCHTEST DU?

ICH KENNE KEINE GESCHICHTEN.
ICH HABE NICHTS ERREICHT. KEINE REISENDEN GETROFFEN, KEINE FREMDEN LÄNDER BESUCHT, KEINE WUNDER ERLEBT, NICHTS, WAS NICHT NORMAL WÄRE.
ICH LEBE WIE JEDER LEHRLING IN LITHARGIA.
ICH MACHE, WAS MEISTER KLAPROTH MIR SAGT UND ASSISTIERE BEI ALLEM, WAS ER TUT UND WILL, UND ICH LERNE, SODASS ICH VIELLEICHT SCHON BALD EIN BÜRGER VON LITHARGIA WERDE UND SELBST LEHRLINGE AUFNEHME.
ICH KENNE MICH AUS MIT KOSMETIK UND AUSSTOPFEN, MIT ZIMMEREI UND MAURERARBEITEN UND ALLEN BESTATTUNGSKÜNSTEN.
ICH KANN EBENSO GUT WIE JEDER ANDERE LEHRLING EINEN KATAFALK BAUEN, PAPIERKRÄNZE HERSTELLEN ODER SCHÄDEL AUSKOCHEN.
ABER ICH KENNE KEINE GESCHICHTEN.
IN MEINEM HERZEN TRÄUME ICH DAVON, FERNE ORTE ZU BESUCHEN.
SICHER, ALS BÜRGER DER NEKROPOLIS WÜRDE ICH MIT RESPEKT UND BEWUNDERUNG BEHANDELT. DOCH ICH WEISS, ICH WÜSSTE EINE MENGE GESCHICHTEN, WENN ICH ANDERE WELTEN BEREISTE...
NUN, WIR HABEN DREI GESCHICHTEN ERZÄHLT UND DIE NACHT HERUMGEBRACHT. DAS GENÜGT.
SCROYLE. MIG. PACKT EIN UND GEHT LOS.
MEISTER KLAPROTH WARTETE AM STADTTOR AUF MICH.
ERST SECHS MONATE SPÄTER WAGTE ICH ES, IHN NACH DEM RAUM UNTER DEN KATAKOMBEN UND DEM BUCH UND DEN LEICHENTÜCHERN ZU FRAGEN...
...MEHR ERFUHR ICH ABER ERST, ALS ICH VOM LEHRLING ZUM GESELLEN AUFSTIEG UND BEIM BAGULKAL SCHWOR, NIE ZU SAGEN--

HÜTE DEINE ZUNGE!
ABER MEISTER KLAPROTH--
PETREFAX: HAST DU DEN SCHLÜSSEL ZUR STADT?
JA, MEISTER.
WOZU DIENT ER?
ZU ÖFF-NEN UND ZU SCHLIESSEN, UND UMGE-KEHRT.
WO TRÄGST DU IHN?
IN EINEM BEINER-NEN KÄSTCHEN ZWI-SCHEN MEINER ZUN-GE UND DEN ZÄHNEN. UND IM HERZEN, WO ALL MEINE GEHEIM-NISSE BEWAHRT WERDEN.
WIE LANG IST DIE KETTE ZUM SCHLÜS-SEL?
SIE REICHT VON DER ZUNGE BIS ZUM HERZEN.
ES SIND FREMDE ANWESEND. DU WIRST NUN STILL SEIN.
ALSO BITTE, MEHR DARF ER UNS NICHT SAGEN? WEIL ES EINE ART... GESCHÄFTSGEHEIMNIS IST? SIE MACHEN WOHL WITZE.
ER HAT SCHON MEHR ERZÄHLT, ALS ER SOLLTE.
ICH WÜSSTE NICHT, WARUM ER UNS NICHT IHRE DUMMEN GEHEIMNISSE SAGEN SOLL. ICH MEINE, WIR SAGEN'S NICHT WEITER. IST DOCH EGAL.
ICH WEISS BESCHEID, JA. WIR SIND TOT.
WIR SIND ALLE TOT. DARUM SIND WIR HIER.
JUNGER MANN.
WENN SIE TOT WÄREN, WÜRDE ICH DAS WOHL WISSEN. ICH HABE EINIGE ERFAHRUNG IN DIESEN DINGEN.
HAT DENN JEMAND EINE BESSERE ERKLÄRUNG?
JA, AL-LERDINGS.
ICH.

ICH GLAUBE, DASS CLURACAN GENUG GEHABT HAT.
ICH WEISS, ER IST STOLZ DARAUF, WIE VIEL ER VERTRÄGT, ABER NUR EINE DÜNNE LINIE TRENNT DEN VOLLRAUSCH VON DER BEWUSSTLOSIGKEIT, UND ER IST GERADE DABEI, SIE ZU ÜBERSCHREITEN.
KOMMEN SIE. ...E KÖNNEN NICHT SAGEN, ...AS SIE GESAGT HABEN, UND DANN DAS THEMA WECHSELN.
SAGEN? WAS SOLL ICH GESAGT HABEN?
DASS SIE EINE ERKLÄRUNG FÜR UNS HABEN.
ER HAT RECHT. NA?
ALSO, WO SIND WIR HIER? WIE KAMEN WIR HER? WIE KOMMEN WIR WIEDER WEG?
SIE SIND IM GASTHAUS AM ENDE ALLER WELTEN.
NIEMAND VON IHNEN WURDE HERGEBRACHT. SIE ALLE WAREN UNTERWEGS UND WURDEN VON EINEM STURM ZUR UNZEIT ÜBERRASCHT.
MIT EIN BISSCHEN GLÜCK FANDEN SIE HER UND GENOSSEN DAS VORRECHT, GASTFREUNDLICH AUFGENOMMEN ZU WERDEN.
UND SIE WERDEN GEHEN, WENN DER STURM VORÜBER IST.
GUTE DAME, DARF ICH SO KÜHN SEIN, EINE GALLONE FRISCHEN WEISSWEIN ZU BESTELLEN. EINEN CHABLIS VIELLEICHT, ODER EINEN WEISSEN BORDEAUX?
CLURACAN, DU HAST GENUG. DU BEKOMMST NICHTS MEHR.
OH. WIE HERRLICH VERNÜNFTIG.

ABER DAS HABEN WIR SCHON MAL GEHÖRT.
WAS SOLL DENN EIN REALITÄTS-STURM SEIN? DAS HÖRT SICH AN WIE AUS STAR TREK ODER SO.
MANCHMAL GESCHEHEN GROSSE DINGE UND WERFEN ECHOS.
DIESE ECHOS WANDERN DURCH DIE WELTEN. ES SIND WELLEN IM SEIN ALLER DINGE. OFT MANIFESTIE-REN SIE SICH ALS STÜRME.
DIE REALITÄT IST SCHLIESSLICH SEHR ZERBRECHLICH.
REALITÄT IST NICHT ZERBRECHLICH. SIE IST FEST UND VERLÄSSLICH.
WENN SIE GLAUBEN, DASS DIE REALITÄT ZER-BRECHLICH IST, VERSUCHEN SIE DOCH MAL, MIT DEM KOPF GEGEN EINE WAND ZU LAUFEN!
DAS IST REALITÄT.
ACH JA? UND WIE SIND SIE HER-GEKOMMEN, BRANT TUCKER?
DAS IST NICHT REAL. EIN TRAUM. DAS IST NICHT DIE WAHRE WELT.

SEHEN SIE SICH UM. DAS BLEIBT ÜBRIG, WENN DIE WAHRE WELT ENDET.
DIESES IST KEIN TEIL DES TRAUMLANDS, DES TODES ODER DER DUNKELHEIT.
DIES HAUS IST UNGEBUNDEN.
ES IST NICHT TEIL IRGENDEINES KÖNIGREICHS.
WENN EINE WELT ENDET, BLEIBT IMMER ETWAS ÜBRIG. VIELLEICHT EINE GESCHICHTE, ODER EINE VISION ODER EINE HOFFNUNG.
DIESES GASTHAUS IST EINE ZUFLUCHT, WENN DIE LICHTER AUSGEHEN. EINE ZEIT LANG.
WIR SIND ALSO **NICHT** TOT?
ZUR ZEIT NICHT, NEIN. GELEGENTLICH KOMMEN TOTE HER. UND GEHEN AM ENDE ANDERSWO HIN.
ICH VERSTEHE IMMER NOCH NICHT, WAS EIN REALITÄTSSTURM IST.
WIE GESAGT, WENN ETWAS GEWALTIGES PASSIERT, ERZEUGT ES... WELLEN. ES MACHT DIE DINGE UNSICHER.
UND WAS FÜR EINE GEWALTIGE SACHE KANN DAS SEIN, LADY?
KEINE AHNUNG.
ES GIBT GERÜCHTE, ABER ES SIND NUR GERÜCHTE.
MIT SICHERHEIT HANDELT ES SICH UM EIN EREIGNIS VON GROSSER BEDEUTUNG UND TRAGWEITE. ETWAS, DAS IN RAUM UND MYTHOS NACHHALLT.
DAS GASTHAUS WAR NOCH NIE SO VOLL.
3

SAGEN SIE, LADY, WIE LANGE BETREIBEN SIE DIESE TAVERNE SCHON?
LANGE GENUG.
ENTSCHULDIGEN SIE, ABER ICH WERDE DORT DRÜBEN GEBRAUCHT.
ICH HOFFE, SIE KOMMT BALD ZURÜCK. ICH HÄTTE DA NOCH EINE FRAGE.
JA? UND ZWAR?
WARUM DIE GESCHICHTEN?
ES IST TEIL DER TRADITION. EINZELNE REISENDE ERZÄHLEN SICH GESCHICHTEN, UM DIE DUNKELHEIT FERNZUHALTEN.
ABER WARUM **SOLCHE** GESCHICHTEN? DIE, DIE WIR GEHÖRT HABEN...
... DAS SIND DOCH MÄNNERGESCHICHTEN.
DA WAREN EIN ABENTEUER, EINE SEEGESCHICHTE, EINE GANGSTERGESCHICHTE, EINE HORRORBEERDIGUNGSGESCHICHTE, UND SOGAR EINE KLEINE GEISTERGESCHICHTE.
DAS SIND MÄNNERGESCHICHTEN.
NICHTS ANDERES.
BRANT? DIE GESCHICHTE, DIE DU OBEN GEHÖRT HAST.
WAS WAR DAS FÜR EINE? EINE HORATIO-ALGER-GESCHICHTE ÜBER EINEN ARMEN JUNGEN, DER PRÄSIDENT WIRD?
SO WAS IN DER ART, JA.
AHA.
ICH MEINE, KLAR VERTREIBEN SIE DIE ZEIT. UNTERHALTEN. ABER HELFEN SIE EINEM, DEN SINN ZU ERKENNEN? DIE WELT IST NICHT SO.
LEUTE LAUFEN NICHT IN DEN TRÄUMEN VON STÄDTEN RUM. DIE WELT IST NICHT SO.

ICH SAGE IHNEN, WAS MIR NOCH AUFGEFALLEN IST: ES GIBT KEINE FRAUEN IN DEN GESCHICHTEN.
HAT DAS NOCH JEMAND BEMERKT?
ABER NAJA, WAS IST MIT MIR, MISSIE? MIT MEINER GESCHICHTE?
DAS WAR EINE FRAUEN-GESCHICHTE.
OH, BITTE.
SIEH MAL, MÄDCHEN, DER CLOU AN DEINER GESCHICHTE WAR DOCH, DASS KEINE FRAU VORKOMMT. NUR EIN SCHIFF VOLLER SEELEUTE UND EIN RIESENSCHWANZ IM OZEAN.
SO WAR DAS NICHT.
ABER SICHER.
ICH MEINE, ES GAB KEINE RICHTIGEN FRAUEN IN DEN GESCHICHTEN HEUTE NACHT. WIR SIND NUR NETTE RANDFIGUREN, DIE MAN LIEBT ODER VERLIERT ODER DENEN MAN AUS DEM WEG GEHT ODER GEHORCHT ODER... ODER SONST WAS.
NA SCHÖN, CHARLENE MOONEY. ICH NEHME SIE BEIM WORT, OBWOHL HEUTE NACHT VIELE GESCHICHTEN ERZÄHLT WURDEN, DIE ICH NICHT HÖREN KONNTE, UND OBWOHL ICH SELBST KEINE ERZÄHLT HABE.
MÖCHTEN SIE UNS NUN IHRE GESCHICHTE ERZÄHLEN?
ICH HABE KEINE GOTTVERDAMMTE GESCHICHTE.
NICHT? WAS HABEN SIE DENN DANN?
5

NA JA... ICH HABE EINEN JOB, DEN ICH NICHT BESONDERS SCHÄTZE - SOFTWARE VERKAUFEN. ICH HABE EIN APARTMENT, DAS MICH ANEKELT.
ICH HABE EINEN EX-EHEMANN, DER RÜBERKOMMT, WENN ER SICH EINSAM FÜHLT UND MICH ZUM SEX ÜBERREDEN WILL, UM ALTER ZEITEN WILLEN, UND MANCHMAL SAG ICH SOGAR JA.
ICH WAR LANGE GENUG IN EINER THEATERGRUPPE, UM ZU WISSEN, DASS ICH NIEMALS SCHAUSPIELERIN WERDEN KÖNNTE, UND LANGE GENUG IN EINEM SCHREIBZIRKEL, UM ZU MERKEN, DASS ICH NICHTS ZU SAGEN HABE, WAS DAS AUFSCHREIBEN WERT WÄRE.
ABENDS KOMME ICH VOM BÜRO NACH HAUSE UND MACHE MIR NICHTS BESONDERES ZU ESSEN ODER BESTELLE EINE PIZZA, UND ICH SCHLAFE VORM FERNSEHER EIN.
ICH WOLLTE IN CHICAGO MEINE FAMILIE BESUCHEN. ICH HABE GESCHLAFEN, ALS DAS AUTO GEGEN IRGENDWAS KNALLTE-- **RUMS!**-- UND DANN KAMEN WIR VON DER STRASSE AB.
BRANT IST GEFAHREN. ER ENTWIRFT UNSERE KATALOGE.
ER WOLLTE AUCH FÜR ZWEI WOCHEN NACH CHICAGO, HATTE ABER NICHT SO VIEL GELD. SO KAMEN WIR ÜBEREIN, UNS DAS FAHREN UND DIE KOSTEN FÜR DEN SPRIT ZU TEILEN.
WIR SIND NICHT MAL BEFREUNDET. BRANT HAT MICH AUF DER WEIHNACHTSFEIER IM BÜRO VOR ZWEI JAHREN BEFUMMELT, ABER WIR WAREN BEIDE SCHRECKLICH BESOFFEN--
HIMMEL, CHARLENE.
-- UND WIR TUN BEIDE SO, ALS WÄRE NICHTS PASSIERT. SOGAR VOREINANDER. ES GAB NICHT MAL KLATSCH IM BÜRO.

ICH WEISS, WENN ICH GEFAHREN WÄRE, WÄREN WIR NICHT HIER GELANDET. ICH WÄRE NIEMALS VON DER STRASSE ABGEKOMMEN.
ICH HABE IMMER GEWUSST, WAS ICH TUE. MEIN GANZES LEBEN LANG.
ICH BRAUCHE NIEMANDEN. HAB NIE JEMANDEN GEBRAUCHT. UND ICH WERDE...
CHARLENE? BIST DU OKAY?
JA.
NEIN...
LASS MICH DOCH IN RUHE, BRANT.
FRAUEN, HM?
WAS HAB ICH GESAGT? ICH HAB DOCH GAR NICHTS GESAGT...
HE, IHR MÜSST LACHEN.

HIMMEL. DAS WAR NAH DRAN.
WOHL WAHR. ABER HIER SIND WIR SICHER. DAS GASTHAUS SELBST KANN NICHT GETROFFEN WERDEN, DAS IST DER LAUF DER DINGE. ES WIRD FORTWÄHREND ERSCHAFFEN; IMMERHIN ENDEN ANDAUERND WELTEN.
WOHER WISSEN SIE DAS ALLES?
ANDERS ALS SIE, FREUND TUCKER, WAR ICH SCHON FRÜHER HIER. DIEJENIGEN VON UNS, DIE ZWISCHEN DEN WELTEN REISEN, FINDEN GELEGENTLICH HER.
ALSO... KAMEN SIE MIT ABSICHT?
NATÜRLICH NICHT. EINE TAVERNE IST KEIN ZIEL, BRANT TUCKER. NUR EIN ORT, WO MAN UNTERWEGS AUSRUHT.
MISTER TUCKER? WOHIN WOLLEN SIE EIGENTLICH?
ICH WOLLTE NACH CHICAGO. ICH HATTE EIN ANGEBOT, BEI EINER ANDEREN SOFTWARE-FIRMA ANZUFANGEN UND NOCH EIN PAAR WOCHEN URLAUB ÜBRIG. ICH WOLLTE ES MIR MAL ANSEHEN.
HÖREN SIE, DER STURM! IST DAS HAGEL, WAS DA AUF DEM DACH PRASSELT?
MÖGLICH. DICKON! MEHR BIER HIER, JUNGE!
ICH HABE MEINE EIGENE THEORIE ÜBER REALITÄTSSTÜRME, FREUNDE, UND SIE WEICHT ETWAS AB VON DER UNSERER WIRTIN.
ICH BEHAUPTE, SIE ENTSTEHEN, WENN ZWEI WIDERSTREITENDE REALITÄTEN ZUSAMMENPRALLEN ODER SICH ÜBERLAPPEN, GENAUSO ENTSTEHEN NATÜRLICHE STÜRME, WENN HEISSE UND KALTE LUFT AUFEINANDER TREFFEN.
DIE HYPOTHESE IST JEDOCH EMPIRISCH SCHWER ZU BEWEISEN. DIES IST ERST DER ZWEITE DIESER ART IN MEINEM LEBEN, UND WIR ZENTAUREN BETRACHTEN UNS ALS LANGLEBIGE WESEN.

STOLZE. STARKE KRIEGER STREITEN INNEN WOLKEN.
SIND ALLE GLEICH...
KANNTE MAL SO 'N LIED.
NO CARES HAVE TO GRIE-EEVE ME, NO PRIDDY LITTLE GIRLS TO DECEI-EEVE ME...
GOT TUPPENCE TO SPEND AND TUPPENCE TO LEND'Z I GO ROLLING HOOOME...
DA STIMMT WAS NICH.
FÜHL MICH BISSEL DANE'M.
MUSS MIR DIE NASE PUDAN.
IS MEHR SO 'N SPRUCH.
IN WAAHEIT WILL ICH KOTZN, PINKLN UN WIEDA UMKIPPN.
HOFF'NLICH FINNE ICH VORHER 'S KLO...
DA... DA DRAUSSEN... DA PASSIERT WAS...
NICHT DER STURM. NOCH ETWAS ANDERES.
SEHT DOCH!

RÜCKEN SIE MAL EIN STÜCK? ICH SEHE GAR NIX!
WAS SOLL DENN DAS DARSTELLEN?
IST DER STURM VORBEI?
OHH. JETZT ISSES BESSER.
WAS GEHT DA VOR?
SAGTE JEMAND, DER STURM IST VORBEI? STIMMT DAS?
KEINE AHNUNG. ER MEINTE, WIR SOLLTEN AUS DEM FENSTER SEHEN, ABER ICH WEISS NICHT, WONACH WIR AUSSCHAU HALTEN.
AH MY LOVE HE IS A KNIGHT SO BOLD IMPRESSIVE IN HIS ARDOR, OR A MINSTREL OR A PIRATE WITH HIS THIGHS AND ARMS SO FIRM,WITH A MANDOLIN OR AN ANGRY GRINAN A DEAD WIFE IN THE LARDER...
KÖNNT IHR'S ERKENNEN? DA! DA OBEN!
UND AN DIESER STELLE DES LIEDES WIRD NORMALERWEISE JEMAND IN EINEN GRÄSSLICHEN WUUUUURM VERWANDELT.
PUH. BEI ALLEN GÖTTERN, CLURACAN... KANNST DU IN EINE ANDERE RICHTUNG ATMEN?
WO OBEN?
OH.
JETZT SEH ICH'S.
DAS... KOMMT MIR VERDAMMT GROSS VOR.

WIE ALLE ANDEREN STARRTE ICH AUS EINEM DER FENSTER DES GASTHAUSES AUF DAS ENDE DER WORTE.
WELTEN. ICH MEINTE WELTEN.
DER HIMMEL FING AN, AUFZUKLAREN. MAN KONNTE DIE STERNE UND DIE GEWALTIGE SICHEL DES MONDES SEHEN, AN DER DIE WOLKEN VORBEIZOGEN, SODASS ES FÜR EINEN VERRÜCKTEN MOMENT SO AUSSAH, ALS STÜNDEN DIE WOLKEN STILL UND DER MOND TAUMELE ÜBER DEN HIMMEL.
ES GIBT EIN GEFÜHL, DAS ICH ZUM ERSTEN MAL IN AUSTRALIEN HATTE, ALS ICH NOCH STUDENT WAR UND MIT DEM RUCKSACK UM DIE WELT REISTE. EIN PAAR MAL HATTE ICH ES AUCH IM MITTELWESTEN AMERIKAS, ALS ICH SCHEINBAR ENDLOSE, FLACHE MAISFELDER DURCHQUERTE, UND IN DEN BERGEN...
ES IST WOHL EINE OPTISCHE TÄUSCHUNG...
DER GROSSE HIMMEL. SO NENNE ICH ES. ES GIBT NUR WENIGE ORTE, WO DER HIMMEL SO VIEL GRÖSSER WIRKT.
SO FÜHLTE ICH MICH, ALS ICH AUS DEM FENSTER SAH.
ICH FÜHLTE MICH WINZIG WIE EIN STAUBKORN ODER EIN TRAUM.

ZUERST DACHTE ICH, ES WÄRE EINE WOLKENFORMATION. ODER, ICH WEISS NICHT, VIELLEICHT MEINE FANTASIE...
ABER ES WAR...
... EIN MENSCH.
ER SCHRITT LANGSAM ÜBER DEN HIMMEL, DAS GESICHT NAHEZU IN DER KAPUZE VERBORGEN.
ER TRUG EIN BUCH.
ICH WEISS NICHT, WIE LANGE ER BRAUCHTE, UM DEN HIMMEL ZU DURCHSCHREITEN.

NACH DEM MANN MIT DEM BUCH KAM EIN MANN MIT EINER FAHNE, UND HINTER IHM DIE SARGTRÄGER.
ICH SAH EINEN TRAUERZUG. GENAU DAS WAR ES.
ICH HATTE DEN EINDRUCK, DASS ICH MUSIK HÖRTE, EINE LANGGEZOGENE, TIEFE KLAGE, WIE SPHÄRENMUSIK, MUSIK, ZU DER SIE SICH BEWEGTEN.
SCHRITT FÜR SCHRITT QUERTEN SIE DEN HIMMEL WIE RIESEN MIT EINER LAST AUF DEN SCHULTERN, IM GLEICHSCHRITT, SO LANGSAM WIE DIE ZEIT.

ICH ZOG ALSO EINEN ANZUG AN UND GING ZUR BEERDIGUNG UND KAM ZURÜCK... ENTTÄUSCHT. DIE GANZE ROUTINE SCHIEN SO LEER UND IDIOTISCH WIE DIE PLASTIKBLUMEN IN DER "KAPELLE DES FRIEDENS", EIN BEDEUTUNGSLOSER AKT, EIN SCHATTEN DER REALITÄT.
DIE WORTE, DIE AM GRAB MEINES VATERS GESPROCHEN WURDEN, WAREN HOHL UND STUMPF, UND ICH KONNTE NICHT WEINEN, NICHT DAMALS.
ICH ERTAPPTE MICH DABEI, DASS ICH AN MEINEN VATER DACHTE. ER STARB VOR UNGEFÄHR FÜNF JAHREN NACH LANGER KRANKHEIT. EINE ART DARMKREBS. ES WAR NICHT LEICHT FÜR MICH.
SO WIE HIER SOLLTE ES SEIN. ECHTE TRAUER LAG IN JEDEM SCHRITT, DEN SIE DA AM HIMMEL MACHTEN, UND SIE TRUGEN DEN SARG, ALS TRÜGEN SIE DAS GEWICHT DER WELT.
UND SIE SCHRITTEN. ICH SPÜRTE ETWAS HEISSES, BRENNENDES AUF MEINEN WANGEN, UND MEINE AUGEN SCHMERZTEN.
ICH WUSSTE NICHT, UM WEN ICH WEINTE, UND ICH HASSTE MICH DAFÜR, ABER ICH KONNTE NICHT WEGSEHEN.

ICH WAR - WIE LANGE? ZWÖLF STUNDEN? EINEN TAG? EINE WOCHE? EINEN MONAT? - IN DIESEM GASTHAUS, UMGEBEN VON UNMÖGLICHEN LEUTEN, UND ES HATTE MICH NICHT BERÜHRT. ES WAR NICHT REAL.
DANN SAH ICH DIESE DÜSTEREN GESTALTEN LANGSAM ÜBER DEN HIMMEL SCHREITEN UND HATTE DAS GEFÜHL, DASS MEINE WELT AUS DEN FUGEN GERÄT.
ALS GÄBE ES NICHTS, AN DAS MAN SICH KLAMMERN, NICHTS, AN DAS MAN MEHR GLAUBEN KANN.
ICH BEOBACHTETE ES - UND KONNTE NICHT WEGSEHEN. ABER EIN TEIL MEINER SELBST BEOBACHTETE MICH SELBST, WIE ICH DIE PROZESSION BEOBACHTETE UND ENTDECKTE, DASS ICH MICH WÄHRENDDESSEN... VERÄNDERTE, VERMUTLICH.
ICH SAH ETWAS, DAS ICH NICHT BESCHREIBEN, NICHT ERKLÄREN KONNTE.

KEINE AHNUNG, WAS SIE WAREN. ICH WEISS NICHT, WER GESTORBEN WAR, WEN SIE BETRAUERTEN, WESSEN SARG SIE FOLGTEN. ES MACHTE AUCH NICHTS.
SIE WAREN DA.
AM HIMMEL.
UND ICH GLAUBTE AN WUNDER.
ICH HATTE KEINE WAHL.

AM ENDE DES ZUGES, EIN STÜCKCHEN HINTER ALLEN ANDEREN, KAMEN DIESE BEIDEN MÄDCHEN.
EINE VON IHNEN ZÖGERTE IMMER WIEDER. SIE MACHTE EIN PAAR SCHRITTE UND BLIEB STEHEN. ALS HÄTTE SIE VERGESSEN, WAS SIE TAT ODER WO SIE WAR. DANN GING SIE EIN STÜCK WEITER.
DIE ANDERE...
DIE ANDERE AM ENDE...
ICH GLAUBE, ICH HABE MICH EIN BISSCHEN IN SIE VERLIEBT.
IST DAS NICHT BLÖD?
ABER ES WAR, ALS WÜRDE ICH SIE KENNEN.
ALS WÄRE SIE MEINE ÄLTESTE, LIEBSTE FREUNDIN.
DIE SORTE MENSCH, DER MAN ALLES, EGAL WIE SCHLECHT, ERZÄHLEN KANN, UND SIE LIEBT DICH WEITERHIN, WEIL SIE DICH KENNT.
ICH WOLLTE MIT IHR GEHEN. WOLLTE, DASS SIE MICH BEMERKT.

UND DANN HIELT SIE INNE.
UNTER DEM MOND BLIEB SIE STEHEN. UND SAH UNS AN.
SIE SAH MICH AN.
VIELLEICHT VERSUCHTE SIE MIR ETWAS MITZUTEILEN; ICH WEISS ES NICHT.
VIELLEICHT WUSSTE SIE NICHT EINMAL, DASS ICH DA WAR.
ABER ICH WERDE SIE FÜR IMMER LIEBEN.

DAS WAR DAS ENDE DES STURMS.
ER IST JETZT VORÜBER. ES IST DRAUSSEN SICHER GENUG FÜR DIE ABREISE.
MISS? WER WAR DAS? DIESE RIESEN? WAS SOLLTE DAS ALLES?
ICH... WEISS ES NICHT. EINIGE... MEINTE ICH WIEDERZUERKENNEN...
ABER DER STURM IST VORÜBER, MÄDCHEN. EIN SCHIFF WARTET AUF DICH.
LADY? WIE KOMMEN WIR ZURÜCK?
DURCH DIE TÜR. SIE GEHEN EINFACH. SIE WERDEN IN DIE WELT ZURÜCKKEHREN, AUS DER SIE KAMEN, ODER JEDENFALLS IN EINE SEHR ÄHNLICHE.
UND WENN WIR GAR NICHT ZURÜCKWOLLEN?
SIE MÜSSEN ZURÜCK.
ES HAT MIR HIER GEFALLEN, MISS. IN IHRER TAVERNE. ES WAR ANGENEHM UND WARM. UND DIE LEUTE WAREN SO NETT.
CLURACAN... BIST DU OKAY?
JAU.
ICH DACHTE, DU WÄRST BETRUNKEN.
WAR ICH.
LEIDER NICHT MEHR.
UND WOHIN GEHST DU?
ICH MUSS NACH FAERIE, MEINER KÖNIGIN BERICHT ERSTATTEN ÜBER ALLES, WAS ICH SAH UND HÖRTE, ICH UNGLÜCKLICHSTE ALLER SEELEN.
ICH DACHTE, ELFEN HABEN KEINE SEELE.
DANN LEIDE, BLUTE UND SEHNE ICH ANDERSWO, ABER ICH NENNE ES SEELE, DENN JEDER SOLL AUF SEINE ART SELIG SEIN.

LEBT WOHL, SÜSSE GEFÄHRTEN DES WEINS.
BRANT TUCKER?
DARF ICH MIT IHNEN UND CHARLENE GEHEN?
WAS? MIT MIR?
PETREFAX, WAS REDEST DU DA?
ICH WERDE NICHT MIT IHNEN IN DIE NEKROPOLIS ZURÜCKGEHEN, MEISTER KLAPROTH.
PETREFAX. ICH BIN DEIN MEISTER. DU GEHST MIT MIR.
ABER SIR. WANN BIETET SICH EINE SOLCHE GELEGENHEIT NOCH EINMAL? ES GIBT UNZÄHLIGE WELTEN, LÄNDER UND STÄDTE DORT DRAUSSEN. SO VIEL WISSEN KÖNNTE NACH LITHARGIA GEBRACHT WERDEN.
WAS WILLST DU DENN? LERNEN, REISEN UND ZURÜCKKOMMEN?
JA, MEISTER KLAPROTH.
DIESEN UNSINN KANN ICH NICHT GUTHEISSEN, PETREFAX.
ICH BIN NICHT WÄHLERISCH, JUNGE. DU KANNST MIT MIR KOMMEN.
LOS! WENN DU MIT WILLST, STEIG AUF.
PETREFAX! UNTERLASS DIESE NARRHEITEN, SAGE ICH, ODER ICH WERDE BEI ANKOU UND DEN AHNEN--
LOOOS GEHT'S, JUNGE. FESTHALTEN!
DUMMER KERL.
CHARLENE? ES IST ZEIT ZU GEHEN.
ICH KOMME NICHT MIT, BRANT.

DU MUSST MITKOMMEN. DER STURM IST VORBEI. DIE GESCHICHTEN SIND VORBEI. ALLES IST VORBEI. WIR MÜSSEN NACH HAUSE.
WIR MÜSSEN GEHEN.
ES GEFÄLLT MIR HIER. ICH HABE SIE GEFRAGT. SIE SAGT, ICH KANN BLEIBEN.
ABER WAS--?
ICH ARBEITE. VIELLEICHT IN DER KÜCHE. SIE SAGT, SIE FINDET SCHON ETWAS FÜR MICH.
DAS STIMMT. SIE KANN BLEIBEN, WENN SIE HIER ARBEITET.
WIR ALLE, DIE WIR IM GASTHAUS ARBEITEN, HATTEN IN DER VERGANGENHEIT ANDERE BERUFE UND BESCHÄFTIGUNGEN.
ICH KAM VOR VIELEN JAHREN AUF DEM WEG ZU EINER ANDEREN REISE, UND WENN MIR DIE ARBEIT LÄSTIG WIRD, WARTET DIESE ANDERE REISE NOCH IMMER AUF MICH.
SIE MÜSSEN JETZT GEHEN, BRANT TUCKER.
ABER--
LEB WOHL, BRANT. MACH DIR KEINE SORGEN.

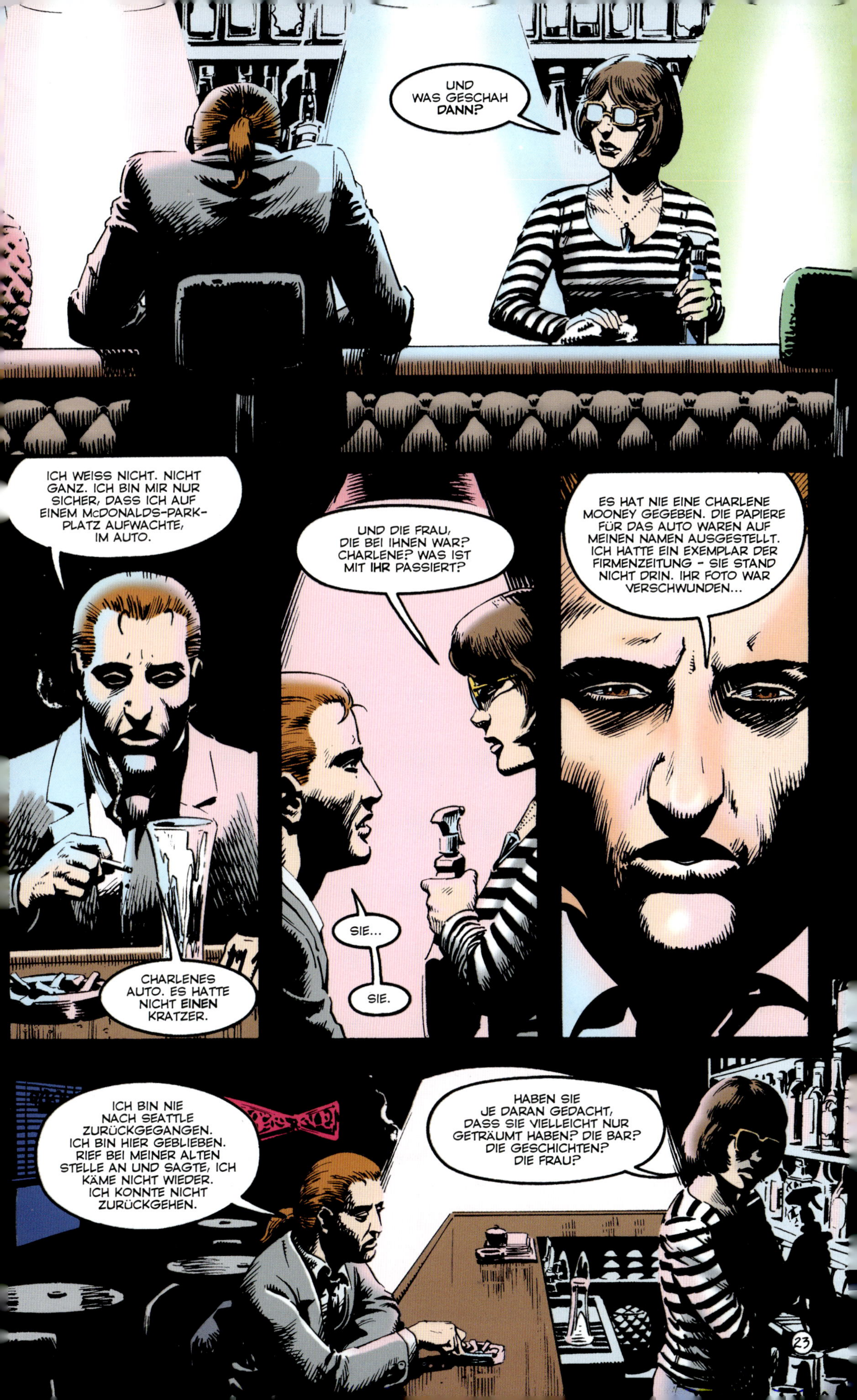
UND WAS GESCHAH DANN?
ICH WEISS NICHT. NICHT GANZ. ICH BIN MIR NUR SICHER, DASS ICH AUF EINEM McDONALDS-PARKPLATZ AUFWACHTE, IM AUTO.
CHARLENES AUTO. ES HATTE NICHT EINEN KRATZER.
UND DIE FRAU, DIE BEI IHNEN WAR? CHARLENE? WAS IST MIT IHR PASSIERT?
SIE...
SIE.
ES HAT NIE EINE CHARLENE MOONEY GEGEBEN. DIE PAPIERE FÜR DAS AUTO WAREN AUF MEINEN NAMEN AUSGESTELLT. ICH HATTE EIN EXEMPLAR DER FIRMENZEITUNG – SIE STAND NICHT DRIN. IHR FOTO WAR VERSCHWUNDEN...
ICH BIN NIE NACH SEATTLE ZURÜCKGEGANGEN. ICH BIN HIER GEBLIEBEN. RIEF BEI MEINER ALTEN STELLE AN UND SAGTE, ICH KÄME NICHT WIEDER. ICH KONNTE NICHT ZURÜCKGEHEN.
HABEN SIE JE DARAN GEDACHT, DASS SIE VIELLEICHT NUR GETRÄUMT HABEN? DIE BAR? DIE GESCHICHTEN? DIE FRAU?

OFT. ABER...
JA, ABER?
ABER DANN DENKE ICH DARAN, WIE ICH DIESE LEUTE AM HIMMEL SAH.
WIE ICH UM MEINEN VATER GEWEINT HABE.
ICH ERINNERE MICH AN CHARLENE. NIEMAND SONST, NUR ICH.
HÖREN SIE, ICH MACHE JETZT ZU, OKAY?
OH, KLAR.
ICH HOFFE, ICH HABE SIE NICHT GELANGWEILT.
ABER NEIN.
MANCHE NÄCHTE SIND EINFACH WIE TOT. VIELLEICHT LIEGT'S AM WETTER. KEINE AHNUNG. ES WAR NETT, GESELLSCHAFT ZU HABEN.
ALSO FAHREN SIE VORSICHTIG.
ICH FAHRE NICHT MEHR. ES WAR KOMISCH, MIT EINEM AUTO ZU FAHREN, DAS MIR NICHT GEHÖRTE...
DANKE, DASS SIE ZUGEHÖRT HABEN. WAHRSCHEINLICH DENKEN SIE, ICH BIN VERRÜCKT.
NEIN. VIELLEICHT SOLLTE ICH DAS. TUE ICH ABER NICHT. MAN HÖRT VIELE SELTSAME GESCHICHTEN IN EINER BAR.
DAS GLAUBE ICH GERN.
DANN, GUTE NACHT.
GUTE NACHT.

Danksagung

Das Schöne an Comics ist, für mich jedenfalls, dass man für dieses Medium zusammenarbeiten muss.

Jede dieser Geschichten entstand, weil ich mit gewissen Zeichnern zusammenarbeiten wollte. "Der Goldjunge" beispielsweise verdankt sich teilweise dem Umstand, dass Mike Allred gern etwas mit alten DC-Figuren machen wollte, und weil ich selbst es faszinierend finde, was Menschen von ihren Anführern erwarten, und die Art, wie die Geschichte selbst sich entrollte, hat viel zu tun mit den klaren Umrissen, mit denen Mike Allred Menschen und Bewegungen darstellt; "Hobs Leviathan" entstand ebenfalls, weil ich wusste, dass Michael Zulli zeichnen würde (und ich vermute, nur Michael Zulli konnte sie zeichnen), und weil ich gern ein unbekanntes Genre ausprobieren wollte, um dabei über die Jahrhunderte hinweg Kipling, Burton und Masefield zuzuwinken. Alec Stevens' unvergessliche Bilder inspirierten die Stadt-Geschichte ebenso wie Lovecraft oder Dunsany (übrigens machte ich erste Bekanntschaft mit Alecs Werk bei einer Lovecraft-Geschichte). Das Wissen, dass ich für John Watkiss schrieb, half mir bei Cluracans Geschichte, genau wie Shea Anton Pensas Art der Linienführung bei Petrefax', und Bryan Talbots Fähigkeit, allem und jedem einen Rückbezug zur Realität zu geben, half mir, immer wieder ins Gasthaus zurückzukehren, wenn eine Geschichte erzählt war.

Ihnen allen schulde ich Dank, und außerdem Todd Klein, Danny Vozzo und Android Images, Dannys Partner bei Verbrechen und Farben; Dick, Mark, Vince und Steve fürs Tuschen, Gary und Tony (und dem digitalen Lovern) für die Rettung, und den Herausgebern Shelly Roeberg (die zauberhaft ist) und Bob Kahan, der alles zu einem Ganzen zusammenführte.

Dave McKean hat sechs Jahre lang Cover und Design für die Sandman-Bücher entworfen. Er lässt mich also gut aussehen und ist gleichzeitig mein härtester Kritiker. Ihm schulde ich mehr als Dank.

Ich wollte einiges erreichen mit diesen Geschichten und war mir nicht sicher, ob ich das geschafft habe – ich danke jedenfalls Stephen King für seine freundlichen einleitenden Worte. Er selbst ist ein Meistererzähler, dazu einer, vor dem ich enormen Respekt habe. Ich habe viel Glück gehabt mit den Verfassern der Einleitungen zu diesen Büchern, und ich bin überaus dankbar dafür.

Außerdem möchte ich dem verstorbenen Don Thompson danken, zusammen mit seiner Frau Maggie Herausgeber des Magazins *Comics Buyer's Guide*. Er hat den Sandman immer unterstützt und war ein echter Gentleman. Ich vermisse ihn sehr.

Und schließlich Dank an Personal und Wirtsleute des *Worlds' End* (Ein freies Haus), dafür, dass sie mir erlaubt haben, zuzuhören…

NEIL

werdend
GARY AMARO
traumhaft
DAVE McKEAN
unwahrscheinlich
NEIL GAIMAN
erstaunlich
STEPHEN KING

gespenstisch
SHEA ANTON PENSA
hell-dunkel
JOHN WATKISS
Rattenfänger
BRYAN TALBOT
legendär
MICHAEL ALLRED
ästhetisch
MICHAEL ZULLI

unsinkbar
DICK GIORDANO
schweigsam
VINCE LOCKE
siderisch
TONY HARRIS
verzaubert
MARK BUCKINGHAM
unschätzbar
SHELLY ROEBERG
streng geheim
BOB KAHAN

unbeugsam
KAREN BERGER
ungebunden
STEVE LEIALOHA
kalligrafisch
TODD KLEIN
vielfarbig
DANNY VOZZO
i E S
weltstädtisch
ANDROID IMAGES
chamäleonartig
LOVERN KINDZIERSKI